Descartes zur Einführung

Peter Prechtl

Descartes zur Einführung

JUNIUS

Junius Verlag GmbH
Stresemannstraße 375
22761 Hamburg
Im Internet: www.junius-verlag.de

© 2000 by Junius Verlag GmbH
Alle Rechte vorbehalten
Umschlaggestaltung: Florian Zietz
Titelfoto: Archiv Gerstenberg
Satz: Druckhaus Dresden GmbH
Druck: Druckhaus Dresden GmbH
Printed in Germany 2000
ISBN 3-88506-926-1
1. Auflage März 2000

Die Deutsche Bibliothek – CIP-Einheitsaufnahme

Prechtl, Peter:
Descartes zur Einführung / Peter Prechtl. –
1. Aufl. – Hamburg : Junius, 2000
(Zur Einführung ; 126)
ISBN 3-88506-926-1

Inhalt

Anhang

1. Einleitung

Mit dem Namen »Descartes« verbindet sich schlagwortartig die Formel »cogito ergo sum«. Wer wollte sich nicht damit rühmen, dass ihm der Satz »Ich denke, also bin ich« geläufig ist? Bei jedem weiteren Schritt in eine differenziertere Darstellung werden die Stimmen zurückhaltender. Ist das ein Indiz dafür, dass Descartes das undankbare Los trägt, jedem als vermeintlich bekannt zu erscheinen, ohne dass man sich mit seiner Philosophie groß auseinander setzen müsste? Es scheint zumindest so. Ähnlich verhält es sich mit dem Etikett »Rationalist«. Gleichsam im Stil einer Glaubensentscheidung bestimmt die vorgängige Pro- oder Kontra-Einstellung darüber, ob man sich mit einer solchen Philosophie, wie Descartes sie vor über dreihundert Jahren entworfen hat, beschäftigen solle. Die Entscheidungen werden nicht an der Sache getroffen, sondern dem Wehen des Zeitgeistes abgehört. Wenn der Trend eher in Richtung Irrationalismus geht, verhelfen auch Jubiläumsjahre nur zu vorübergehender und zeitlich begrenzter Aktualität. Unter diesen Vorzeichen eine Einführung zu verfassen erscheint doppelt begründungsbedürftig: Warum sich mit dieser Sache beschäftigen und warum noch oder wieder zum jetzigen Zeitpunkt?

Gewiss kann man nicht mehr unbestritten Descartes' philosophische Position als den aktuellen Stand erkenntnistheoretischer Reflexion ausgeben. Andererseits kommt man nicht umhin, sich immer wieder zumindest mit Versatzstücken cartesischer Argumentation auseinander setzen zu müssen. Descartes hat offensichtlich Ansichten vertreten und Argumente vorgebracht, die nicht ohne weiteres übergangen werden können. Auf die Dauer kann ein Hantieren mit Versatzstücken wenig zufrieden stellen, und ebenso wenig kann ein Ersatzteillager-Wissen zu einer eigenen tragfähigen Argumentation ausgebaut werden. Von daher ist zumindest die Notwendigkeit einer eingehenden Beschäftigung motiviert.

Descartes formulierte die erkenntnistheoretischen Problemstellungen, die er in die Diskussion eingeführt hat, nicht ohne seine Antworten. Dadurch sehen wir uns der doppelten Aufgabe gegenübergestellt, einerseits die Probleme auf ihre heutige Relevanz hin abzufragen und andererseits in Bezug auf seine Antworten kritische Vorbehalte anzuführen. Es gilt abzuwägen, wo wir seine Antworten aufgrund problematischer Vorannahmen nicht teilen können und wo wir seine Problemstellungen nicht ohne Verlust preisgeben können. Wenn es sich anbietet, werden die über Descartes hinausführenden Ansätze benannt.

Bei der Abfassung dieser Einleitung standen diese Fragen gleichsam begleitend im Hintergrund. Um dem gerecht zu werden, habe ich die Darstellung von Descartes' philosophischer Entwicklung streckenweise als Kommentar zu zentralen Textstellen geschrieben. Dadurch sollte die Tendenz zur Pauschalisierung vermieden werden. Nicht ein pauschales Urteil über den Text, sondern eine verstehende Auseinandersetzung mit dem Text war angestrebt. Im Vordergrund der Darstellung steht das Bemühen um eine adäquate Rekonstruktion seiner Argumentation. Im Anschluss daran habe ich versucht, jene verschiedenen Aspekte seiner Philosophie herauszustellen, die in positiver oder negativer Einstellung auch noch die gegenwärtigen Diskussionen beeinflusst haben bzw. noch beeinflussen. Descartes hat auf vielfältige Weise die nach ihm folgende Diskussion innerhalb der

Philosophie bestimmt. Dies darf allerdings nicht so gedeutet werden, als ob sein Einfluss nur dort wirksam geworden wäre, wo seine Aussagen zustimmend aufgenommen wurden. Sein Stellenwert als Klassiker der Philosophie zeigt sich vielmehr gerade darin, dass in den Überlegungen Descartes' ein Problembestand formuliert wurde, der auf positive oder negative Weise in weiterführende Argumentationen Eingang gefunden hat. Eine detailgetreue Darstellung der Rezeption kann an dieser Stelle nicht geleistet werden. Zumal sich auch in den Fällen der positiven Rezeption nicht immer mit Bestimmtheit sagen lässt, dass ausschließlich Descartes sie beeinflusst habe. Adäquater scheint mir die Perspektive zu sein, jeden Autor im Spektrum unterschiedlicher Argumentationsstränge, die von jedem mit spezifischer Akzentsetzung weitergeführt worden sind, zu verorten. Gleiches gilt für Descartes: Auch wenn sein Name zur Metapher für den Beginn der philosophischen Neuzeit geworden ist, kann er nicht losgelöst von den Vorgaben seiner Zeit gedacht werden. Im Folgenden soll also jener Descartes zur Sprache kommen, der sich mit diesen philosophischen Vorgaben auf seine Weise auseinander setzt, um zu einer neuen Konzeption der Erkenntnisbegründung zu finden. Nicht immer ist Descartes weit genug gesprungen, sodass er in manchen Punkten »alten Ballast« mit sich trägt, was ihn in seiner Argumentation beeinträchtigt. Wenn auf diese Stellen hingewiesen wird, dann in der Absicht, die Gründe für bestimmte Argumentationsschwierigkeiten namhaft zu machen. Damit ist nicht die demonstrative Geste verbunden, die im Nachweis seiner Unzulänglichkeiten unter Beweis stellen will, wie sehr Descartes doch überschätzt worden sei. Durch eine solche Attitüde macht sich eher der Interpret lächerlich. Denn auch er kann seine Auseinandersetzung nur vor dem Hintergrund seines zeitgenössischen Kenntnisstandes und mit den argumentativen Mitteln seiner Zeit betreiben. Descartes taugt nicht zur Idol-

Bildung, das würde auch seinem eigenen Selbstverständnis widersprechen. Es ist unsere cartesische Pflicht, Zweifel an solchen Annahmen anzumelden, die wir heute sinnvoll in Frage stellen können.

Gegen den Chor der Kritiker meldet sich auch eine bedächtige Stimme zu Wort:

»Der Glaube, die cartesianische Fragestellung sei überholt, ist eine Anmaßung. Da der Bürger des 20. Jahrhunderts eine unerschöpfliche Fähigkeit zum Selbstbetrug entwickelt, ist er demzufolge nach dreihundert Jahren keinesfalls weiter als der ›bon homme‹ des 17. Jahrhunderts, jedenfalls nicht, sofern er seinen klaren Verstand behalten will.« »Der Philosoph des Zweifels verbietet Inzest im Denken. Du sollst die Ideen nicht deshalb schön finden, weil es die deinen sind. Du sollst nicht sagen, sie seien wahr und gut, weil du selbst sie ausgesprochen hast. Dieses Verbot der Anmaßung sollte man nicht nur als weise ansehen. Wie beim ›common sense‹ geht es vor allem darum, ›es richtig anzuwenden‹.«[1]

1. Leben und philosophische Entwicklung[2]

René Descartes wurde am 31. März 1596 in La Haye geboren. Wenn er sich auch öfter selbst als »Edelmann aus dem Poitou« bezeichnete, hat das seinen Grund darin, dass beide Eltern aus diesem Landstrich Frankreichs stammten. Seine erste Ausbildung erhielt er ab dem achten Lebensjahr in dem von Jesuiten geleiteten Knabenseminar zu La Flèche in Anjou. Dem Internat, das damals zu den besten Schulen Europas zu rechnen war, verdankte er auch den ersten Kontakt mit der Philosophie. Es wurden ihm Kenntnisse in Logik, erste Vorstellungen moralphilosophischer Begründungsweisen und vor allem auch eine Ahnung davon, mit welchen Problemstellungen sich die Metaphysik beschäftigt, vermittelt. In dem Internat verstand man es, den Schülern neben Kenntnissen der Mathematik und Physik manche Neuerungen in der Astronomie näher zu bringen: das kopernikanische Weltbild einerseits, aber auch die Entdeckungen des Galilei. Der junge Descartes lernte den Umgang mit dem Teleskop und erwarb damit erste Einsichten in die Gesetze der Optik.

Über die Jahre nach dem Verlassen der Schule, von 1612 bis 1618, können die Descartes-Biografen nichts Näheres aussagen. Erst über den Zeitpunkt, zu dem ihn sein Vater zur militärischen Ausbildung in das protestantische Holland schickte, erhält man wieder genauere Auskünfte. Sein Holland-Aufenthalt von Anfang 1618 bis zum Frühjahr 1619, der ihn in die militärische Schule des Prinzen Moritz von Nassau führte, brachte eine für seine spätere

11

Entwicklung bedeutende Begegnung mit dem niederländischen Mediziner und Physiker Isaac Beeckman mit sich. Von diesem wird in den biografischen Berichten ausgesagt, dass er sich bereits mit den Vorstellungen einer neuen Form von Naturwissenschaft trug, nämlich die Physik gänzlich zu mathematisieren und dadurch als strenge Wissenschaft zu begründen.[3] Betrachtet man Descartes' späteres Forschen, wird offenkundig, dass ihn dieser Impetus zu einer Neubegründung der Wissenschaft, den Beeckman in ihm wachgerufen hatte, nicht mehr losließ.

Dem ideengeschichtlichen Hintergrund, der auch Descartes' Denken prägte, sind bestimmte Formen des Skeptizismus zuzurechnen, wie sie von dem Philosophen Michel de Montaigne, dem Prediger Pierre Charron und dem Medizinprofessor Franz Sanchez vertreten wurden. Insbesondere Montaignes Schriften warnen vor Behauptungen über das »Wesen der Dinge«, wie sie in unterschiedlichen Formen philosophisch-theologischen Denkens zu finden waren. Damit verbunden ist der Appell, einem solchen Denken mit kritischer Prüfung und mit eigenen vernünftigen Grundsätzen zu begegnen. Manche Formulierungen in Montaignes Essays[4] lassen sich unmittelbar mit Descartes' Maxime, die Probleme zunächst selbst zu durchdenken und erst dann auf das in den Büchern festgehaltene Wissen zu schauen, in Beziehung setzen. Auch der Anspruch der Erneuerung der Wissenschaft scheint ein geläufiges Denkmotiv des damaligen Zeitgeistes gewesen zu sein. Neben den Forschungen Galileis ist das *Novum Organon* des Philosophen Francis Bacon zu nennen. Von besonderer Bedeutung für Descartes' Entwicklung ist ein wissenschaftlicher Diskussionskreis in Paris um den Kardinal Bérulle, von dem später noch die Rede sein wird.

Wie sehr Descartes schon frühzeitig seinem eigenen Denkweg einen besonderen Status beimaß, belegen die in den Biografien zitierten Träume.[5] Die Motive dürften den Denkbildern seiner

Zeit entnommen sein. Bezeichnend für die Selbsteinschätzung Descartes' ist nicht nur die Tatsache, dass er offensichtlich seine Umwelt von seinen Träumen in Kenntnis gesetzt hat, sondern auch das Bild, das seine Entwicklung in dramatischen Zügen schilderte. Der erste Traum soll bei Descartes den Glauben hinterlassen haben, ein böser Geist habe ihn verführen wollen. Der zweite Traum, in dem ihm ein mächtiger Donnerschlag große Angst einjagte, endete damit, dass ihm im Wachzustand Feuerfunken die Gegenstände im Zimmer deutlich abzeichneten. Der dritte Traum handelt von einem Wörterbuch und einem »Corpus Poetarum«, in dem er den Vers lesen kann: Welchen Lebensweg soll ich einschlagen (»Quod vitae sectabor iter«)? In seiner eigenen Deutung erhielten diese Träume existenzielles Gewicht, er sah darin die entscheidende Frage nach der Wahrheit und Falschheit der menschlichen Erkenntnis und der weltlichen Wissenschaften gestellt.[6] Einige der Traummotive werden uns im Kontext seiner Werke wieder begegnen, etwa der böse Geist in Gestalt eines fiktiven trügerischen Gottes. Die die Gegenstände deutlich abzeichnenden Feuerfunken könnten als das viel zitierte »natürliche Licht« gedeutet werden. Beim dritten Traum erscheint es nahe liegend, diesen im Hinblick auf Descartes' Lebensweg zu deuten: als Suche nach dem Geist der Wahrheit. Die in den biografischen Darstellungen zitierte heftige Krise Descartes' erfährt in den Träumen eine bemerkenswerte Lösung: Einem bösen Geist auf der einen Seite steht die Frage nach dem weiteren Lebensweg und der Wahrheitssuche auf der anderen gegenüber. Deutlich vernehmbar klingt das Leitmotiv seines weiteren Philosophierens an: Bei der Überprüfung der unterschiedlichen Geschäfte des Menschen müsse man zu der Entscheidung gelangen, sein weiteres Leben auf die Pflege des Verstandes zu verwenden und sich bei der Erkenntnis der Wahrheit an die selbst gesetzte Methode zu halten.[7]

Diese Träume werden auf jene Zeit datiert, die Descartes in Ulm verbrachte. Er hatte dort nach einer langen Reise durch Polen, Ungarn, Österreich und Böhmen sein Winterquartier aufgeschlagen. Dadurch wurde er Zeuge des sog. Kometenstreits zwischen dem dort lehrenden Mathematiker Faulhaber und dem Rektor des Ulmer Gymnasiums, Johann Baptist Hebenstreit. Letzterer trat mit einer Streitschrift in die Öffentlichkeit, in der er die Glaubwürdigkeit astrologischer Voraussagen mit zahlenkabbalistischen Mitteln bezweifelte. Den geschichtlichen Hintergrund bildete das zeitliche Zusammentreffen des Beginns des großen böhmischen Krieges (1618) mit dem Erscheinen dreier Kometen. Diese Erscheinung hatte Faulhaber auf der Grundlage von Berechnungen vorausgesagt. Dabei hatte er als Rechengrößen die Marslänge (3°33'), die Mondbreite (ebenso 3°33') und die prophetische Zahl 666 zugrunde gelegt, um dieses Kometenereignis zu berechnen.[8] Die besonderen Umstände dieses Streits lassen sich in einen direkten Bezug zu Descartes' Überlegungen, nach welchen Regeln der menschliche Verstand zu verfahren habe, bringen: »Nichts aber scheint mir ungereimter, als über die Geheimnisse der Natur, die Kraft des Himmels auf die Welt hier unten, die Voraussage der Zukunft und Ähnliches, wie es viele tun, kühn zu streiten und sich dennoch nicht ein einziges Mal gefragt zu haben, ob die menschliche Vernunft zureicht, um das zu finden.«[9]

Die Jahre zwischen 1625 und 1628 verbrachte Descartes in Paris. Durch die Bekanntschaft mit Marin Mersenne[10], der wie Descartes bei den Jesuiten in La Flèche ausgebildet worden war, hatte Descartes einen Ansprechpartner, der mit ihm das Interesse an Philosophie, Mathematik und Physik teilte. Außerdem verschaffte ihm dieser Zugang zu einem Diskussionskreis von Wissenschaftlern, die sich mit ähnlichen Problemen wie Descartes auseinander setzten. Unter den zahlreichen gesellschaftlichen

Kontakten ist eine Begegnung besonders erwähnenswert. Bei einer Konferenz beim Nuntius des Päpstlichen Stuhles (Monsignore Guido di Bagno) wurde Descartes von Kardinal Bérulle, dem Begründer des Oratorienordens, zu einer Auseinandersetzung mit den Ansichten eines gewissen Chandoux aufgefordert. Descartes vermochte es offenbar, in diesem Streit die Zuhörer von seinen Ansichten zu überzeugen. Nachdem Bérulle die philosophischen Ansichten Descartes' kennen gelernt hatte, drängte er ihn geradezu, sich weiterhin der Wissenschaft und der Philosophie zu widmen. Aufgrund des zeitlichen Zusammenhangs darf man vermuten, dass diese Aufforderung den letzten Anstoß für die Ausarbeitung des *Discours (Von der Methode des richtigen Vernunftgebrauchs und der wissenschaftlichen Forschung)* gab.

Sein Ansinnen, sein weiteres Leben auf die Pflege des Verstandes zu verwenden, machte Descartes jedoch nicht blind gegenüber der gesellschaftlichen Realität. Diese war geprägt von der Lehrautorität der Kirche, die sich auch auf Fragen der Naturordnung oder der Erkenntnisbegründung erstreckte. Die dritte Maxime seiner »provisorischen Moral«[11] artikuliert recht deutlich Descartes' pragmatisch-bedächtige Einstellung: Er nahm sich vor, stets zu versuchen, lieber seine Wünsche als die Ordnung der Welt zu verändern, lieber sich selbst als das Schicksal zu überwinden. Er wusste um die Grenzen, in denen er sich bei allem Forscherdrang zu bewegen hatte, und um die Gefahren, die ihn bei seiner Ablehnung der scholastischen Philosophie begleiteten. In zwei Briefen, die im Zusammenhang mit einem von der reformierten Kirche in Utrecht angestrengten Verfahren gegen ihn standen, kommt das noch auf witzige Weise zum Ausdruck: »Es geht nicht darum zu disputieren, was recht ist; sondern es kommt allein darauf an, daß ich mich vor Gewaltakten schütze und für meine Sicherheit Sorge trage.« In einem anderen Brief heißt es: »Nur der Huld Seiner Hoheit [d.i. des Prinzen von Oranien] verdanke ich jetzt meine Ruhe und Sicherheit – die Güter, die ich auf der Welt am meisten schätze.«[12] Da ihm nicht allein in Frankreich die religiöse Intoleranz zur Gefahr werden konnte, sondern ebenso gut in Holland, wie der oben angeführte Vorfall illustriert, kann sein 1629 getätigter Umzug nach Holland nicht ausschließlich durch die Furcht vor der Inquisition motiviert gewesen sein. Manche Äußerungen Descartes' legen die Vermutung nahe, dass er ganz allgemein den Verhältnissen in den Niederlanden größere Sympathie entgegenbrachte.

In zahlreichen Erörterungen zu Descartes spielt die Frage seiner Einstellung zum Glauben eine herausragende Rolle. Kann man ihm die Rolle eines modernen Aufklärers gegen die Religion zuschreiben, an ihm gar Züge eines Atheismus ausmachen? Nicht selten werden seine positiven Bemerkungen zur Religion als strategisches Verhalten gedeutet. Auch wenn wir letztlich nicht eindeutig klären können, in welchem Sinne Descartes religiös war, erscheint es doch wichtig, zweierlei Dinge auseinander zu halten: seine Einstellung zur kirchlichen Lehrmeinung und seinen Glauben an Gott. Seine kritische Haltung zu der Art, wie die kirchliche Lehrmeinung vertreten wurde, kommt in seiner Auseinandersetzung mit der scholastischen Philosophie zum Ausdruck. In seiner Kritik daran beschränkt er sich nicht allein darauf, deren argumentative Unzulänglichkeiten herauszustellen, vielmehr legt er den Finger auf ihre machtpolitischen Manipulationen: Zum einen unterstellt er der Scholastik ein methodisches Verfahren, das zu keinen eindeutigen und gesicherten Ergebnissen fähig ist. Darüber hinaus aber weist er darauf hin, dass für die Durchsetzung von Positionen nicht allein die besseren Argumente ausschlaggebend waren. Letztlich habe man doch immer wieder auf die politische Macht zurückgegriffen, wenn es um die Vorherrschaft einer Auffassung ging. Descartes macht den Theologen nicht das Recht streitig, die christliche Überlieferung zu bewahren. Er kreidet ihnen hingegen an, dass sie ihre Meinung selbst mit dem Rang der Unbezweifelbarkeit auszeichnen. Insbesondere bestreitet er, dass sie ihre Meinungen mit Recht als Wissen ausgeben können. Denn ihre Meinungen gründeten nicht auf klaren und gesicherten Einsichten, sondern seien eben nur bloße Meinung. Er spitzt seine Kritik zu dem Vorwurf zu, dass sie ihre ureigenste Meinung immer gleichzeitig als die christliche Überlieferung schlechthin auszugeben versuchten.

Mit einer solchen Kritik traf Descartes nicht einzelne Lehrmeinungen, sondern die Institution Kirche insgesamt, innerhalb die christliche Lehrmeinung tradiert wurde. Denn diese zeichnete sich dadurch aus, dass jede eigene Stellungnahme durch den Bezug auf die Lehrmeinungen des hl. Augustinus oder des Thomas von Aquin oder eines anderen Kirchenvaters unterlegt werden musste. D.h., die eigenen Meinungen konnten sich nur in diesem Spektrum bewegen oder mussten zumindest von den Autoren als übereinstimmend mit diesem Lehrgebäude ausgewiesen werden. Es ging nicht so sehr um die jeweils vertretene Position, sondern hauptsächlich darum, dass sich die Autoren auch öffentlich der Tradition verpflichtet zeigten. Entscheidend war, dass man die Institution nicht provozierte, indem man seine Thesen ganz explizit in einen Gegensatz zur vorherrschenden Überlieferung stellte. Solange eine gewisse Loyalität und Zurückhaltung gewahrt blieb, konnten unter dem Deckmantel der Überlieferung auch neue Theorien vertreten werden. Die Wahrung der Geschlossenheit und die geistige Stabilität der kirchlichen Gesellschaft hatten oberste Priorität.[13] Das war die gesellschaftliche Realität, in der sich die Gelehrten und Forscher zu bewegen hatten. Eine Kritik an diesen Verhältnissen ist deshalb nicht mit der Kritik an der Religion gleichzusetzen.

Wenn nun Descartes' Drang nach wissenschaftlichem Anspruch dahin ging, der damaligen Lehrmeinung eine auf Evidenz gegründete Erkenntnis entgegenzusetzen, dann bewegte er sich bereits auf jenem schmalen Grat, der ihn in Konflikt mit dem Lehramt bringen konnte. Denn in letzter Konsequenz führte das dazu, die herrschende Legitimität durch eine andere zu ersetzen. Da nützte es auch nichts, wenn Descartes seine Kritik an der Tradition einzig auf die philosophische Methode beschränkt wissen wollte und der Theologie und Religion eine eigene Form der Argumentation zugestand. Es musste als Affront aufgefasst werden, dass er damit der Theologie jeglichen Stellenwert für die Philosophie absprach. Seine Haltung zeigte sich ganz deutlich in seiner Weigerung, seine Thesen mit Verweisen auf Lehrmeinungen abzudecken, obwohl ihm Freunde dazu rieten und ihn auch mit entsprechenden Zitatstellen versorgt haben.

Trotz seiner heftigen Kritik an dem scholastisch geprägten philosophischen Denken der damaligen Zeit sollte man Descartes' Verhältnis zur Scholastik doch auch mit Blick auf seine Erziehung bei den Jesuiten sehen. Seine Entschlossenheit, ein neues und ebenso allseitiges, durch Klarheit und Geschlossenheit bestechendes System an Stelle der Scholastik zu setzen, kann auch als ein Bemühen gedeutet werden, sich vor seinen vormaligen jesuitischen Lehrern beweisen zu wollen.[14] Nicht zuletzt mag man dies in den verschiedenen Untertiteln zu seiner Schrift *Meditationes de prima philosophia* (dt.: *Betrachtungen über die Grundlagen der Philosophie*) sehen. Der Passus »in qua Dei existentia et animae immortalitas demonstrantur« (dt.: Betrachtungen ..., worin Gottes Dasein und die Unsterblichkeit der Seele bewiesen werden) aus dem Untertitel der ersten Auflage wurde in der zweiten Auflage verändert zu »in quibus Dei existentia et animae a corpore realis distinctio demonstrantur« (Betrachtungen ..., worin Gottes Dasein und die wirkliche Verschiedenheit von Seele und Körper bewiesen werden).

In der biografischen Darstellung wird auch auf Descartes' politisch-praktische Einstellung hingewiesen.[15] Sein Kampf gegen die Scholastik wird auch in politischer Hinsicht gedeutet. Descartes hat einen Zusammenhang zwischen der (scholastischen) Art des Philosophierens und den kriegerischen Auseinandersetzungen, wie sie den Menschen während des Dreißigjährigen Krieges gegenwärtig waren, gesehen. Man muss sich vergegenwärtigen, dass Descartes bei Ausbruch des Krieges (1618) erst 21 Jahre alt war. Der Krieg war bis auf wenige Jahre ein ständiger Begleiter seines Lebens. In den ersten zwölf Jahren des Krieges war er selbst mehr oder weniger darin involviert. Denn nach einem Jahr an der Juristenschule in Poitiers ging er nach Holland: als Analytiker der neuen militärischen Methoden am Hofe des Prinzen Moritz von Nassau. Unmittelbaren Kontakt mit dem Krieg hatte er während der Zeit, als er den Herzog von Bayern bei seinen Feldzügen begleitete. Er war gleichsam Augenzeuge, als dieser am 8. November 1620 in der Schlacht am Weißen Berge den böhmischen König Friedrich von der Pfalz besiegte.

Neben seinen Kriegserlebnissen mag auch noch ein anderes historisches Ereignis das politische Denken Descartes' entscheidend beeinflusst haben. 1610 wurde Heinrich IV. (von Navarra) durch ein Attentat getötet. Dieser Anschlag auf den König von Frankreich hatte eine weitreichende symbolische Bedeutung. Denn Heinrich IV. verkörperte einen Herrschertypus, der den religiösen Konflikten mit Toleranz entgegentreten wollte. Dem Kampf zwischen der Katholischen Liga und den Hugenotten, der sich im damaligen Frankreich abspielte, versuchte er dadurch seine Schärfe zu nehmen, dass er eine strikte Trennung zog zwischen der nationalen Loyalität und den religiösen Bekenntnissen.[16] Warum sollte ein französischer Hugenotte weniger Loyalität gegenüber dem Königreich Frankreich aufbringen als ein Bürger katholischen Glaubens? Dies war eine für die damalige Zeit schon beinahe revolutionäre Einstellung. In dieser Hinsicht war er von dem Humanisten Michel de Montaigne geprägt, der allen Ansprüchen auf eine völlige Gewissheit unseres Denkens und unserer Wahrheiten mit äußerster Skepsis begegnete. Aus seiner Skepsis resultierte die Einstellung der Toleranz gegenüber anderen Meinungen. Heinrich von Navarra und Montaigne repräsentieren einen gemäßigten Skeptizismus, der jedem das Recht auf Meinungen zugesteht, zu denen er durch gewissenhaftes Nachdenken über eigene Erfahrungen gekommen ist.[17]

Die Ermordung Heinrichs IV. bedeutete politisch, dass sich in Frankreich – nach Meinung der tonangebenden reaktionären Gruppen – die Maxime der Toleranz in Sachen Glaubensfragen als Illusion erwiesen hatte. Eine Politik der religiösen Toleranz wurde versucht und ist gescheitert – das symbolisierte dieser Mord. Die Bereitschaft, entsprechend der humanistischen Einstellung mit Ungewissheiten und Meinungsverschiedenheiten zu leben, hatte in den Augen der weltlichen und geistlichen Mächtigen nicht verhindern können, dass religiöse Konflikte außer Kontrolle gerieten. Die geschichtliche Situation motivierte die Frage, ob nicht auch die mit der Skepsis einhergehende Ungewissheit und plurale Vieldeutigkeit in der Praxis nur zu einer Verschärfung des Religionskrieges führten. Die Suche nach neuer Gewissheit bzw. nach einer Methode, mit der man die »lebenswichtige« Richtigkeit philosophischer und vor allem theologischer Lehren beweisen kann, mag deshalb als politisch-praktisches Motiv auf Descartes gewirkt haben.[18]

Das philosophisch begründete Motiv lag in der scholastischen Methode, die in seinen Augen nicht über bloße Wahrscheinlichkeiten hinausgelangen kann. Wahrscheinlichkeit bedeutet eben, dass es solchen philosophischen Einsichten an unbestreitbaren und unzweifelhaften Aussagen ermangelt. Das darin verwobene politische Problem zeigt sich für Descartes darin, dass die scholastischen Theorien der Theologen durch ihre Unklarheit erst zu jenen Gegensätzen und Streitigkeiten führen, die dann mithilfe der Syllogismen nicht mehr eindeutig zu klären sind. Wenn dann in einem solchen ideologischen Streit die Macht der Fürsten die Kraft der Argumente ersetzen soll, liegt die Logik der kriegerischen Auseinandersetzung in der Art der Philosophie begründet. In diesem Zusammenhang lässt sich Descartes zu eindeutig antikirchlichen Bemerkungen hinreißen: Die Kontroversen der Scholastik machen ihre Vertreter immer pedantischer und rechthaberischer und stellen dadurch eine Grundlage für Häresien und jene Auseinandersetzungen dar, die die Welt verheeren. Gleichsam in der Form der scholastischen Theologie liegt der Anlass zu Streit und Krieg begründet, deshalb bedeutet sie in seinen Augen eine öffentliche Gefahr, die restlos zu beseitigen ist.[19]

Seine Polemik gegen die Unfruchtbarkeit einer spekulativen Philosophie, die in den Schulen gelehrt wird, und einer Philosophie, die sich in logischen Syllogismen ergeht, ohne darüber hinaus irgendwie fruchtbar werden zu können, lässt sein pragmatisches Verständnis von Wissenschaft deutlich werden. Nicht Wissenschaft um ihrer selbst willen erscheint ihm erstrebenswert, vielmehr hat sich Wissenschaft in der Erfüllung praktischer Aufgaben zu bewähren. Ganz explizit stellt er im zweiten *Discours* seine Forschungsinteressen unter die Perspektive, mit eigenen Maßstäben sein Leben besser als bisher gestalten zu können.[20] In Descartes' Schriften bekundet sich dieser Prozess philosophischer Klärung i.S. einer Orientierung für das Leben bereits in der Form der Darstellung: So gestaltet er den *Discours* als Erzählung über die Geschichte seiner eigenen geistigen Entwicklung, seines eigenen intellektuellen Tuns und Erlebens, die *Meditationes* bergen in Form eines »Selbstgesprächs« einen subjektiven Tätigkeitsbericht seines philosophischen Bemühens. Descartes vermittelt dadurch seine Einstellung, dass Philosophie als ein Bemühen anzusehen ist, sich selbst und allein mithilfe menschlicher Mittel in dieser Welt zurechtzufinden.[21] Aber gleichzeitig artikuliert sich

21

darin auch eine implizite Aufforderung an den Leser, ihm dies gleichzutun und seine bisherigen Überzeugungen auf ihre Gewissheit bzw. Begründbarkeit hin zu befragen. Ein solches Bemühen um eigene Klärung und Selbstvergewisserung kann jeder nur für sich selbst vollziehen. Diese Einstellung nimmt seiner Art des Philosophierens jeglichen dogmatischen Charakter. Die Ausrichtung des Philosophierens an der Selbstvergewisserung wirkte stilbildend für spätere philosophische Positionen.

Mithilfe der Wissenschaft soll sich die Gestaltung des Lebens in vernünftigem Handeln vollziehen können. Descartes versteht diese Gestaltungsmaxime durchaus in einem ethischen und technisch-pragmatischen Sinne. Zum einen ist die Kontrolle der Affekte im Rahmen einer wissenschaftlichen Ethik gefordert, zum anderen soll die Erkenntnis der Kausalbeziehungen mit den Mitteln der Wissenschaft dem Menschen dazu verhelfen, auf rationale Weise zu seinem Wohl tätig werden zu können. Die Wissenschaften erhalten ihren Stellenwert dadurch, dass sie zur technischen Beherrschung der Naturkräfte und zur Überwindung von Krankheit und Leiden in der Medizin beitragen können. Er formuliert es gleichsam als ethische Maxime, wonach wir verpflichtet sind, für das allgemeine Wohl aller Menschen zu sorgen.[22] Man könnte sein praktisches Interesse ganz allgemein als Streben nach allseitiger und endgültiger Sicherheit, sowohl hinsichtlich des Denkens wie hinsichtlich der Beherrschung der materiellen Welt, charakterisieren.

Seine ersten philosophischen Überlegungen fasste Descartes als *Regulae ad directionem ingenii* ab. Das Fragment wurde von ihm um 1628 einer letzten Redaktion unterzogen, aber im Grunde stellt es eine schriftliche Fixierung der Methodenlehre dar, die er in dem Zeitraum von 1619 bis 1628 entwickelt hat. Obwohl dieser Text seinen philosophischen Denkansatz gleichsam in programmatischer Weise darstellt, ist er von ihm selbst nicht veröffentlicht worden. Bei näherer Betrachtung ist aber nicht zu verkennen, dass er eine Vorarbeit für seine erste Publikation, den *Discours*, darstellt. Man kann die *Regulae* gleichsam als Erörterung dazu lesen.

Noch vor der Veröffentlichung des *Discours* gelang ihm 1633 eine erste systematische Darstellung seines Weltbildes: *Le Monde ou Traité de la lumière*. Seinen ursprünglichen Plan, diese Schrift zu veröffentlichen, zog er unter dem Eindruck der Verurteilung Galileis zurück. Das Urteil gegen Galilei hatte in der Öffentlichkeit der katholischen Länder zur Folge, dass sich viele Wissenschaftler in ihre spezialwissenschaftliche Forschung zurückzogen, um jedem denkbaren Konflikt mit der kirchlichen Lehrmeinung aus dem Weg zu gehen. Auch Descartes verhielt sich nicht anders. Obwohl er von der Richtigkeit des heliozentrischen Weltbildes überzeugt war und dies auch als seine kosmologische Vorstellung in *Le Monde* vertrat, unterließ er nicht nur die Veröffentlichung der Schrift, sondern für einige Jahre auch jegliche Stellungnahme zu derartigen Fragen. Von daher erklärt sich auch sein Stilmittel der Selbstbiografie im *Discours* und ebenso seine wiederkehrenden Beteuerungen, sich in allen Angelegenheiten der Theologie der kirchlichen Autorität zu beugen. In den Biografien über Descartes wird gerätselt, ob seine Meinung, die religiösen Anschauungen könnten nicht Gegenstand rationaler Erörterungen sein, nur vorsichtige Strategie oder tatsächliche Überzeugung war.

Die Jahre 1628/29 werden als Jahre des Umbruchs seines Denkens bezeichnet – bis hin zu der Charakterisierung, Descartes habe sich erst nach 1629 zu einem Cartesianer entwickelt.[23] Diese Deutung wird mit dem Wandel in Descartes' Auffassung in Zusammenhang gebracht, die Physik durch Rückgriff auf metaphysische Überlegungen begründen zu wollen.[24] Die Metaphysik, die von den allerersten Dingen handelt, die man beim folgerechten Philosophieren beachten muss, bildet die Grundlage des ganzen

Systems. Die Metaphysik hat sich damit zu beschäftigen, was der Prüfung durch die menschliche Vernunft unterliegt. Eine solche Verknüpfung von wissenschaftlicher Erkenntnis und metaphysischer Begründung unter Einbeziehung von Gott war kein Thema für die *Regulae*. Seinen Schritt zur Metaphysik als Umbruch in seinem Denken zu deuten wirkt allerdings nur plausibel in Bezug auf die damit neu aufgeworfene Fragestellung, worin die Entsprechung von Denken und Wirklichkeit begründet sei. Denn nur in einer solchen Entsprechung hätten wir auch die Garantie für die Wahrheit der Aussagen. Andeutungen und Hinweise in diese Richtung finden sich bereits in den *Regulae*, wenngleich der systematische Stellenwert der metaphysischen Voraussetzungen darin noch nicht deutlich wird. In seinem Brief an Marin Mersenne charakterisiert er die Bedeutung der Metaphysik dadurch, dass sie ihm den Weg zu den Grundlagen der Physik gewiesen hätte. Seiner Ansicht nach müssen sich die Forschungen der Metaphysik darauf richten, Gott und sich selbst zu erkennen. Es wird angenommen, dass Descartes um 1630 einen metaphysischen Traktat verfasst hat, in dem er die im 4. Teil des *Discours* enthaltenen Andeutungen ausführlicher erörterte.[25] Seine metaphysischen Ausführungen haben zweifelsohne eine systematische Bedeutung, da sie ihm zur Fundierung seiner Erkenntnistheorie dienen. Aber ebenso gut kann man sie als Versuch lesen, jeden Atheismusverdacht auszuräumen, der aus seinem Standpunkt der mathematischen Naturwissenschaft abgeleitet werden konnte. Denn mit diesem Standpunkt ging ein mechanistisches Modell der Natur einher, das ohne weiteres als eine materialistische Theorie der Welt interpretiert werden konnte. Glaubt man Descartes' brieflichen Äußerungen an seinen Freund Mersenne, dann ging es ihm auch um die Notwendigkeit des Kampfes gegen den Atheismus.[26] Seine grundlegende These der zwei Substanzen, nämlich »res cogitans« (das Denken) und »res extensa« (die Materie), bot dazu eine geeignete Argumentationsebene. Sie ermöglichte es, die Trennung zwischen der körperlichen Welt und der Unsterblichkeit der Seele auf plausible Weise darzulegen. Auch für seinen Bezug auf das Cogito konnte man eine Verbindungslinie zu Augustinus, der philosophischen Autorität eines Kirchenvaters, herstellen. Ein solcher Bezug blieb auch manchen Zeitgenossen Descartes' nicht verborgen. Diese verschiedenen Anhaltspunkte legen es nahe, Descartes nicht voreilig zu einem Religionskritiker zu machen, sondern seinen persönlichen Glauben von seiner Kritik an den Lehrmeinungen zu trennen.[27]

1637 ließ Descartes seinen *Discours de la méthode pour bien conduire sa raison & chercher la vérité dans les sciences* (dt.: *Von der Methode des richtigen Vernunftgebrauchs und der wissenschaftlichen Forschung*) – verfasst als wissenschaftliche Selbstbiografie – anonym erscheinen. Dass er mit seinen Überlegungen, eine Methode für regelgeleitetes Denken zu finden, auch praktische Relevanz für das Forschen in den Einzelwissenschaften sah – und insofern zu Recht eine Verbindung von Erkenntnistheorie und Wissenschaft behaupten konnte –, zeigt sich in dem Anhang zum *Discours*. Dort erörtert er in drei Essays, wie diese Methode in den Einzelwissenschaften zur Geltung kommen kann. Er demonstriert ihre Brauchbarkeit an der Dioptrik, der Meteorologie. Die besondere Pointe seiner Demonstration liegt allerdings in dem Nachweis, dass ein und dieselbe Methode auf verschiedene Gegenstände bzw. in verschiedenen Wissensgebieten erfolgreich und Gewinn bringend zur Anwendung kommen kann. Damit hat er ja gezeigt, wie er mit einigen wenigen Prinzipien mehr an Sicherheit der Erkenntnis bieten kann als jenes von ihm als Bücherwissenschaften kritisierte Vorgehen der Anhäufung einzelner Aussagen mit einer Vielzahl von Prinzipien. Descartes hat damit seinen Anspruch eingeholt, seine eigenen Gedanken und den Gebrauch seines Verstandes dahingehend zu verbessern, dass er sie auf einem Fundament baut, von dessen Wahrheit er sich selbst überzeugt hat. Denn das bemängelte er gerade an seiner Ausbildung, dass ihm eine Vielzahl von Lehrmeinungen beigebracht wurde, die zum Teil im Widerspruch zueinander standen.[28] Dadurch wurde er, so seine Kritik, nicht in die Lage versetzt, zu gediegenen Urteilen zu finden und zwischen richtigen und falschen Meinungen zu entscheiden. Er zog für sich die Konsequenz daraus, alle diese Meinungen beiseite zu lassen und sich auf die Suche nach einem eigenen Fundament zu machen.

Damit beginnt derjenige Abschnitt seines Forschens, der gleichsam durch die Geschichte der Philosophie hindurch zum Gegenstand heftiger Kontroversen und Kritik geworden ist und der umschrieben werden kann als »Suche nach der ›prima philosophia‹«. 1641 erschien in Paris, ein Jahr später in Amsterdam, sein metaphysisches Hauptwerk, die *Meditationes de prima philosophia*. In den darin enthaltenen sechs Meditationen befasst sich Descartes nochmals eingehend mit der Gewissheit der Erkenntnis. Wie kann der Mensch für sich selbst sicherstellen, dass seine Vorstellungen von Wirklichkeit nicht Trugbild, Täuschung oder gar ein ständiger Traum sind? Eine befriedigende Antwort setzt voraus, dass der solchermaßen Fragende auf ein »Element« stoßen kann, an dem solche Zweifel ihr Ende haben. Das führt zu der Frage, ob es letztlich etwas Unbezweifelbares gibt und welcher Art dieses unbezweifelbare Moment ist. Mit diesen Überlegungen verbunden ist jener viel zitierte Satz »cogito ergo sum«, der als letzte Einsicht nicht weiter bezweifelbar sein und als Ausgangspunkt aller gesicherten Erkenntnis dienen soll.

Die Form der Darstellung, in die Descartes seine Gedanken kleidete, ist die einer Autobiografie. Gleichzeitig führt er sich als ein Beispiel dafür vor, wie man bei Gebrauch seines eigenen Verstandes auf rationalem Weg zur systematischen Entdeckung der Wahrheit gelangen kann. Das autobiografische Ich steht repräsentativ für jeden Einzelnen, der sich um eine kritische Argumentation bemüht, und die Abfolge der Argumente markiert den Weg, auf dem sich menschliches Wissen von der alltäglichen Erfahrung zu philosophischer Einsicht entwickeln kann.

Descartes' differenzierte Argumentationen standen von Anfang an im Kreuzfeuer einer kritischen Auseinandersetzung. Die *Meditationes* wurden nicht zuletzt auf Betreiben von Mersenne bereits mit einem Anhang veröffentlicht, in dem namhafte Autoren der Zeit, Caterus, Hobbes, Arnauld, Gassendi und Mersenne selbst, sich kritisch mit Descartes' Thesen auseinander setzen. 1644 folgte die Veröffentlichung der *Principia philosophiae*, die von Descartes als Unterrichtswerk konzipiert waren.

Ab 1642 entwickelte sich ein bemerkenswerter Briefwechsel zwischen der Pfalzgräfin Elisabeth und Descartes. Er hatte in ihr eine aufmerksame und intelligente Diskussionspartnerin gefunden. Ihr ist die erste Auseinandersetzung mit Descartes' Substanzendualismus zuzuschreiben. In einem Brief legte sie bereits 1642 Descartes die Frage vor, wie die immaterielle Seele auf den Körper wirken könne. Auch in den weiteren Diskussionen erwies sie sich als äußerst kritische Person, die es verstand, auf etwaige problematische Gesichtspunkte in seinen philosophischen Ausführungen hinzuweisen.

1647 wurde Descartes vom französischen König eine Pension zugesprochen. In der Begründung wurden seine Verdienste und der Nutzen, den seine Philosophie und seine wissenschaftlichen Untersuchungen dem Menschen bringen würden, besonders herausgestellt. Ob er neben diesen Worten der Anerkennung tatsächlich Geld erhalten hat, ist historisch nicht belegt.

Im gleichen Jahr begann sich ein engerer Kontakt zwischen Descartes und der Königin von Schweden zu entwickeln. Ein französischer Diplomat, Hector-Pierre Chanut, stellte die erste Verbindung her. Christine von Schweden hatte die Idee, Stockholm bzw. den skandinavischen Norden zu einem Zentrum der Wissenschaft und Kunst zu machen. Auch Descartes sollte jenem Kreis der Gelehrten, die sie um sich versammeln wollte, zugehören. Seine Abneigung, ins »Land der Bären zu gehen«[29], hielt bis 1649 an. Erst dann ließ er sich dazu überreden, die Reise nach Stockholm anzutreten. Über sechs Wochen vergingen nach der Ankunft, ehe sich die Königin dreimal wöchentlich um fünf Uhr morgens von Descartes in philosophisches Denken einführen ließ. Wenn man weiß, dass Descartes schon in seinen Pariser Jahren die Angewohnheit hatte, bis elf Uhr morgens die Zeit mit Lesen und Schreiben im Bett zu verbringen, kann man seine »Begeisterung« für diese Tätigkeit erahnen. Noch bevor er die Reise antrat, sorgte er für die Veröffentlichung seiner Schrift über die Leidenschaften (*Les passions de l'âme*), zu der er durch die Pfalzgräfin Elisabeth angeregt worden war. Am 11. Februar 1650 verstarb Descartes in Stockholm an den Folgen einer Lungenentzündung. Seine letzte »Amtshandlung« bestand darin, der Königin den geforderten Entwurf für die Statuten einer in Stockholm zu gründenden Akademie zu übergeben. Erst nach seinem Tod erreichte ihn der Bannstrahl der katholischen Kirche. 1663 wurden die Schriften Descartes' auf den »Index Romanus« gesetzt.

2. Zwei Wege zur Erkenntnis

In den philosophiegeschichtlichen Darstellungen wird die Bedeutung Descartes' meist mit dem Standardsatz, Descartes habe das neuzeitliche Denken maßgeblich mitbestimmt, zum Ausdruck gebracht. Dabei wird ganz allgemein auf sein Bestreben verwiesen, den Erkenntnisbemühungen des Menschen eine gesicherte Grundlage zu geben. Solche Charakterisierungen sind allerdings nicht sehr aussagekräftig, solange nicht hinreichend klargestellt wird, was denn unter einer Grundlage der Erkenntnis zu verstehen ist.

In einer ersten Annäherung an dieses Problemfeld der Erkenntnisbegründung lassen sich zwei denkbare Arten der Begründung unterscheiden: Der Begründungsanspruch könnte einfach dadurch realisiert werden, dass man Regeln des Denkens oder des Forschens entwickelt, von denen man annimmt, dass sie bestimmten Rationalitätsstandards genügen, wie beispielsweise bei den mathematischen oder den empirischen Methoden. Man müsste angeben können, welche methodischen Schritte zu erfolgen haben, um ein bestimmtes Resultat zu gewinnen. In der Sicherheit oder Zuverlässigkeit der Methode wäre dann auch ein Kriterium für die Wahrheit der Erkenntnis zu sehen. Eine andere Art der Begründung würde mit der Auswahl der Methode noch die Frage verbinden, wie diese Regeln und die ihr zugehörigen Standards im Hinblick auf das Erkenntnisziel und den Forschungsbereich ihrerseits zu begründen sind. Damit unternähme man den Versuch aufzuzeigen, was als Erkenntnis anzusehen, warum diese Methode ein geeignetes Verfahren zur Erkenntnisgewinnung und wodurch ihre Eignung sichergestellt sei.

Wir werden sehen, dass bei Descartes im Laufe seiner philosophischen Entwicklung beide Arten der Erkenntnisbegründung eine Rolle spielen. Entsprechend reagiert auch die Descartes-Rezeption ganz unterschiedlich auf seine verschiedenen Überlegungsrichtungen. Unabhängig von den unterschiedlichen Bewertungen, in denen jeweils eine Phase Descartes' als die zentrale Leistung herausgestellt wird, ist das Augenmerk darauf zu richten, ob sich im Wechsel der Begründungen nicht auch eine problembezogene Entwicklung Descartes' feststellen lässt. Deshalb kann sich eine Darstellung seiner Philosophie nicht damit begnügen, nur das Resultat seiner Überlegungen, unter Vernachlässigung des philosophischen Werdegangs, zu präsentieren. Die eigentlichen Motive und gedanklichen Schritte, die zu seiner Position führten, kämen dabei nicht hinreichend zur Geltung.

Entscheidend für eine kritische Aneignung seiner Philosophie ist, dass man sich auch die Problem- und Fragestellungen, die Descartes neu oder anders als die Tradition aufgeworfen hat, hinreichend vergegenwärtigt. Nur so lassen sich seine Antworten und auch sein philosophiegeschichtlicher Stellenwert auf adäquate Weise gewichten. Mögen seine Antworten den Standards gegenwärtiger Einsichten als nicht mehr hinreichend erscheinen – was im Einzelfall immer noch zu diskutieren wäre –, so ist doch mit einer Kritik seiner Lösung noch lange nicht der anstehende Fragenkomplex beseitigt. Nicht selten begegnet man jenem Missverständnis, dem zufolge in der Kritik an der Lösungsantwort bereits die Beseitigung des Problems läge. Die vorliegende Darstellung ist vor allem um eine Rekonstruktion der Problemstellungen bemüht, um den philosophischen Stellenwert Descartes' aus dieser Perspektive hinreichend zur Geltung zu bringen.

Die vorrangige Einordnung cartesischen Denkens in die Erkenntnistheorie (als Teilgebiet der Philosophie) macht es erforderlich, vorweg einige Bemerkungen zur Erkenntnistheorie zu machen.[30] In einer sehr allgemein gehaltenen Bestimmung lässt sich die Erkenntnistheorie nach ihren Aufgaben charakterisieren, nämlich Untersuchungen über die Bedingungen, Möglichkeiten und Grenzen menschlicher Erkenntnis anzustellen. Sie sucht also Antworten auf die Frage nach dem angemessenen Verhältnis des Menschen zur Welt, soweit dieses auf dem Wege der Erkenntnis angestrebt wird.[31] Wenn nun die Fragen der Erkenntnistheorie so gestellt werden, dass der Mensch sich seines Vermögens zu denken vergewissern will, dann geschieht dies wiederum nur innerhalb oder mittels ebendieses Denkens. Dadurch entsteht eine Art Selbstbezüglichkeit des Denkens: ein Denken des Denkens. Ein solcher Rückbezug auf sich selbst, den man gemeinhin Reflexion nennt, kann als spezifisch philosophische Thematisierungsweise angesehen werden, um in erkenntnistheoretischer Hinsicht nach den Maßstäben der eigenen Rationalität zu fragen. Die Grundfigur der Reflexion ist der Selbstbezug oder die Selbstreferenzialität des Bewusstseins.[32]

Durch diese Beschreibung der Erkenntnistheorie rückt nun auch die Bedeutung Descartes' näher in den Blick. Denn er repräsentiert in gewisser Weise den historischen Ursprung einer derartigen selbstbezüglichen Thematisierungsweise des Bewusstseins, in der Selbstbewusstsein und Selbsterkenntnis die entscheidende Grundlage für jede Form der Erkenntnis abgeben sollen. So lässt sich typisierend die Fragestellung der Antike von derjenigen der durch Descartes initiierten Neuzeit folgendermaßen abheben: In der durch Plato und Aristoteles repräsentierten Antike zeichnet sich ein Begründungstyp ab, der Antworten auf kausale, teleologische und funktionale Fragestellungen sucht. Nur wenn Antworten gegeben werden können, die das Warum oder die Zielgerichtetheit oder die Zweckmäßigkeit eines Geschehens erklären, glaubte man die objektiven Gründe und Ursachen gefunden zu haben. Die das Denken auszeichnende Vernunft realisiert sich in einer solchen Auffassung erst da, wo das Wahre im Bereich des Objektiven gesehen wurde. Von einer begründeten Erkenntnis konnte dementsprechend auch erst da gesprochen werden, wo eine Einsicht in einen objektiv vorgegebenen Ordnungszusammenhang gelungen war.[33] Descartes' Konzeption des Erkennens steht in einem deutlichen Gegensatz dazu. Bei ihm ist das Erkenntnisvermögen durch die Art und Weise des Erkennens und Wissens bestimmt, nicht mehr durch die Art der Erkenntnisgegenstände. So haben wir es mit einer Vernunft zu tun, die Art oder Qualität des Wissens nach bestimmten, selbst gesetzten Kriterien ausrichtet. Diese Art der Rückbindung an Formen des Wissens wird als »epistemischer Begründungstypus« bezeichnet.

Für die Darstellung der descartesschen Philosophie gehen wir von der Problemstellung aus, wie man zu Wissen gelangen kann und wie Erkenntnis zu begründen ist. Dazu müssen zwei Schwerpunkte seines philosophischen Forschens unterschieden werden: Ein erster artikuliert sich in der Überlegung, durch welche Regel man dem Denken des Menschen eine gesicherte Basis bieten kann. Dabei erweist sich die Originalität Descartes' nicht in der Art der Fragestellung, sondern in der Art, wie er aus den ihm vorliegenden Vorbildern eine neue, ihm als geeignet erscheinende Methode des Denkens entwickelt, die eine Garantie für Erkenntnis abgeben können soll. Dieser erste Forschungsschwerpunkt wird unter dem Thema »Der richtige Gebrauch des Verstandes und die Grenzen der Erkenntnis« behandelt. Ein zweiter, unmittelbar darauf folgender Schwerpunkt thematisiert die von ihm vorgestellte Methode des Verstandesgebrauchs ihrerseits noch einmal, indem ihr ein gesichertes Fundament unterlegt werden soll – dieser Aspekt soll unter dem Thema »Begrün-

dung durch Gewissheit« zur Sprache kommen. Diese Verschie-
bung in der Problemstellung lässt auch eine Veränderung in der
systematischen Fragestellung erkennbar werden.

Die Erörterung von Descartes' Œuvre orientiert sich zwar
zweckmäßigerweise an der Abfolge der Veröffentlichung bzw.
Entwicklung seiner Werke. Hinter der zeitlichen Abfolge ver-
birgt sich aber die angedeutete systematische Entwicklung seines Begründungsdenkens. Als erstes werden die beiden Werke
Regulae ad directionem ingenii[34] und *Discours de la méthode* erörtert. Die gemeinsame Behandlung beider Werke bietet sich an, da
man den *Discours* als Kurzkommentar zu den unveröffentlichten
Regulae lesen kann. Beide Werke könnte man unter die Zielsetzung »Darlegung der Methode« stellen. Dagegen steht in den
Meditationes de prima philosophia die Lösung der oben angeführten weiterführenden Problemstellung an.[35] Descartes geht es darin und in den *Principia philosophiae* um eine weiterführende
Begründung der erkenntnistheoretischen Ausführungen des *Discours*. Über die bisherigen Grundlegungsversuche hinaus stellt
sich Descartes die Frage, wie denn sichergestellt ist, dass das
nach bestimmten Regeln verfahrende Denken auch zu einer Erkenntnis der Wirklichkeit gelangt bzw. als eine Erkenntnis der
Wirklichkeit anzusehen ist.

Der richtige Gebrauch des Verstandes
und die Grenzen der Erkenntnis[36]

Ernst Cassirer sieht in Descartes insofern den Begründer der
neueren Philosophie, als dieser mit dem Entwurf einer Methode
gleichzeitig eine neue Aufgabe erfasst habe.[37] Denn er habe die
Methode nicht auf eine korrekte formale Gliederung des Denkens begrenzt, sondern mit ihr die Aufgabe und die besondere

Leistung verbunden, den gesamten Inhalt der »reinen« Erkenntnis aus einem ursprünglichen Prinzip zu gewinnen. Diese emphatische Beurteilung von Descartes' Leistung lenkt das Augenmerk auf die Frage, was unter »Methode« zu verstehen ist: Einerseits sollen darin die Formen des Denkens in einem Prinzip begründet sein, andererseits durch sie eine geschlossene Folge der Urteile abgegeben werden können. Vielleicht werden Cassirers Einschätzung wie die Beurteilung der Problemstellung insgesamt erst hinreichend deutlich, wenn man sich die dafür grundlegende Fragestellung vergegenwärtigt. Immer wenn ich mit einer Aussage über die Wirklichkeit ernsthaft eine Meinung vertrete, behaupte ich damit unausgesprochen auch, dass man notwendig so wie ich denken müsse (wenn man eine wahre Aussage machen will). Das Urteil beansprucht, notwendig (und nicht bloß zufällig) gültig zu sein. Aber woher der Charakter der Notwendigkeit für eine Aussage stammt, bleibt die entscheidende klärungsbedürftige Frage. Nur wenn sie zufrieden stellend beantwortet werden kann, wird einer solchen Aussage zu Recht Erkenntnischarakter zugeschrieben. Noch wesentlicher stellt sich dieses Problem für die Erkenntnistheorie. Descartes' Kritik an der Methode der Scholastik, wie sie in der biografischen Skizze zur Sprache gebracht wurde, steht in engem Zusammenhang damit. Reicht es aus, dass ich für meine Aussage auf irgendwelche Autoritäten verweise? Im Grunde hätte ich damit die Frage nur um einen Posten verschoben, denn dann müsste ich den Nachweis stellvertretend für diese Autoritäten erbringen oder – die schlechte Variante – deren Meinung ungeprüft als gültig unterstellen.

Die Aufgabe, die Descartes der Methode zuschreibt, ist genauer zu bestimmen. Einen ersten Anfang macht er im ersten Abschnitt der *Regulae*, in dem er nach einer Konzeption einer allgemeinen wissenschaftlichen Methodologie sucht. Der zweite Abschnitt, der etwa neun Jahre später entstanden sein dürfte, ist beeinflusst von den Reaktionen auf seinen Vortrag in Paris, den Mersenne arrangiert hatte. In diesem Vortrag demonstrierte Descartes, wie man jede beliebige Wahrheit mit »wahrscheinlichen Argumenten« als wahr, aber ebenso gut als falsch beweisen kann. Damit zeigte er, dass eine bestimmte Art der Argumentation, die mit wahrscheinlichen Annahmen arbeitet, zu beliebigen Resultaten führt.[38] Man kann mit einer solchen Methode in gleicher Weise gegensätzliche Sachverhalte beweisen. Für ein solches Verfahren darf man streng genommen nicht in Anspruch nehmen, dass es einen echten Beweis liefern kann, geschweige denn dass es sich dabei um eine solide Argumentation handelt. Nach seinem Vortrag, der offensichtlich sein Publikum überzeugte, sah er sich mit der Frage konfrontiert, ob er ein Verfahren der Argumentation vorstellen könne, in dem solche Fehlschlüsse (der kritisierten Argumentationsform) vermieden würden. Der damit einhergehenden Aufforderung, diese zu Papier zu bringen, verdankt sich die weitere Ausarbeitung der *Regulae*. Descartes hatte zu zeigen, dass er auf der Grundlage seiner Prinzipien die Wahrheit auf mathematisch strenge Weise beweisen und dass dieses Verfahren für alle Wissenschaftsbereiche (»in allen Dingen«) seine Anwendung finden kann.

Das erste Buch, dessen Einsichten schon seinem Vortrag in Paris zugrunde liegen konnten, bringt »nur« zu Bewusstsein, was der Mensch »von Natur« aus schon beherrscht. Dazu sucht er zunächst (in den ersten drei Regeln) drei Fragen zu beantworten: 1. Was ist das Ziel der Erkenntnissuche, das Ziel jeder wissenschaftlichen Anstrengung – zu welchen Formen von Urteilen muss die Wissenschaft gelangen? 2. Kann sie in Bezug auf alle Gegenstände oder Gegenstandsbereiche zu solchen Urteilsformen gelangen, oder ist die Erkenntnisfähigkeit auf bestimmte Bereiche zu beschränken? 3. Was ist als die Grundlage der Urteile anzusehen: Sind es übernommene Urteile von irgendwelchen

Autoritäten oder Wahrscheinlichkeitsannahmen, oder sind es klare und evidente Einsichten?

Wenn diese Fragen hinreichend beantwortet sind, kann Descartes in der vierten Regel seine These formulieren, dass zum wissenschaftlichen Forschen eine Methode notwendig ist.

Die erste Regel seiner Schrift *Regulae ad directionem ingenii* bringt sein gesamtes Vorhaben programmatisch zum Ausdruck, denn darin spricht er eindeutig die Funktion der Methode an: »Es muß das Ziel der wissenschaftlichen Studien sein, die Erkenntniskraft darauf auszurichten, daß sie über alles, was vorkommt, unerschütterliche und wahre Urteile herausbringt.«[39] Dabei klärt er den Leser noch nicht darüber auf, was man sich unter solchen Urteilen vorzustellen habe. Vielmehr betont er, dass allen Erkenntnisbemühungen das Streben nach universaler Weisheit zugrunde liege. Er will damit zum Ausdruck bringen, dass die Fragen der Erkenntnisbegründung so allgemein gestellt und beantwortet werden müssen, dass sie für alle Einzelwissenschaften gelten können. Damit greift er schon der zweiten Frage vor, wenn er den Akzent auf die Frage nach allgemeinen, für alle verschiedenen Wissenschaften gleichermaßen gültigen Wegen und Formen des Urteilens legt. Die Vorstellung, es könne unterschiedliche, je nach der Verschiedenheit der Objekte der einzelnen Wissenschaften voneinander abgesonderte Formen und Weisen des Urteilens geben, hält Descartes für falsch. Da alle Wissenschaften nichts anderes als die menschliche Weisheit, »die immer ein und dieselbe bleibt«, darstellen, besteht der erste und grundlegende Schritt darin, über diese universale Weisheit und den gesunden Menschenverstand nachzudenken.

Der Bezug auf den gesunden Menschenverstand ist zunächst als Appell zu verstehen, sich seiner eigenen Vernunft zu bedienen, und kann darüber hinaus als Spitze gegen den dogmatischen Geltungsanspruch der scholastischen Lehrmeinung gedeutet werden. Anstelle des »gesunden Menschenverstandes« (bon sens) spricht er häufig auch von dem »natürlichen Licht«, um damit die dem Menschen innewohnende Vernunft zu bezeichnen. Der Ausdruck »gesunder Menschenverstand« darf allerdings nicht in der uns geläufigen Weise gedeutet werden. Was gegenwärtig meist unter diesen Begriff subsumiert wird, stellt eher eine Absage an kritische Selbstreflexion und ein Begnügen mit den herrschenden Vorurteilen dar. Descartes schreibt zwar dem Menschen allgemein das Vermögen zu, richtig denken zu können, stellt aber gleichzeitig klar, dass er dazu bestimmter Regeln des Verstandesgebrauchs bedarf. Von einer geeigneten Methode hängt es ab, ob er seinen Verstand in gesunder Weise anwendet. Den Fragen, wie solche Regeln zur Leitung des Verstandesgebrauchs aussehen könnten, geht Descartes in den weiteren Regeln nach.

Seinem Insistieren auf der allgemeinen Weisheit liegt eine in ihren Konsequenzen weitreichende Annahme zugrunde: Die Einheit der menschlichen Vernunft begründet die Einheit der Wissenschaften. Diese Annahme ist in doppelter Hinsicht bemerkenswert. Zum einen stellt sie in Abrede, dass die Einheit der Wissenschaft durch den einheitlichen Zusammenhang ihrer Allgemeinbegriffe (Genera) gewährleistet ist. Dadurch stellt sie sich in Opposition zu einer ontologischen Einheitsbegründung. In dieser Vorstellung einer universalen Weisheit liegt sein Bestreben begründet, eine »characteristica universalis« auszuarbeiten, die für jede Wissenschaft Geltung besitzen soll. Dadurch wird zum anderen eine auch noch die gegenwärtige Diskussion in der Wissenschaftstheorie beherrschende Frage aufgeworfen: Gibt es eine allgemeine Methode, die als einzige den Status der Wissenschaftlichkeit sicherstellen kann?[40] – Diese Frage kann hier nicht hinreichend erörtert werden, sie wird uns aber im Zusammenhang des mechanistischen Weltbildes von Descartes und des Leib-Seele-Problems noch beschäftigen.

Wenn es nur eine Form von Wissenschaft geben kann, nämlich diejenige, die auf unerschütterliche und wahre Urteile gebaut ist, dann stellt sich die Frage, für welche Gegenstandsbereiche solche Urteile gefällt werden können. Die Beantwortung geht einher mit einer Definition von Wissenschaft, die Descartes in der zweiten Regel anführt und die im Kern bereits die Idee der wissenschaftlichen Methode enthält: »Alle Wissenschaft ist zuverlässige und evidente Erkenntnis.« Alle bloß wahrscheinlichen Erkenntnisse sind von daher auszuschließen. Man habe sich auf das vollkommen Erkannte, das nicht bezweifelt werden kann, zu beschränken. Eine solche Definition provoziert natürlich die weiter führende Frage, wie eine solche evidente Erkenntnis gewonnen werden kann. Descartes' Antwort bestimmt zunächst nur den Ort, an dem beim Menschen eine Täuschung entstehen kann: Täuschungen entstehen »niemals aus einer verkehrten Ableitung, sondern daraus, daß gewisse unzulänglich verstandene Erfahrungen zugrunde gelegt oder Urteile auf gut Glück und ohne festen Grund gefällt werden«[41]. Aus dieser Feststellung folgt als methodische Konsequenz: »Man sollte sich nur den Gegenständen zuwenden, zu deren klarer und unzweifelhafter Erkenntnis unser Geist zuzureichen scheint.«[42] Descartes muss jetzt natürlich beantworten können, welche Gegenstände zur Menge der vollkommen erkennbaren zu zählen sind. Eine »vollkommene Erkenntnis« setzt voraus, dass hinreichende Daten vorliegen. Da bei empirischen Fragen eine solche Datenmenge in der Regel nicht sicherzustellen ist, können die Antworten darauf bloß wahrscheinlich, d.h. nicht zuverlässig und evident sein. Einzig in der Arithmetik und der Geometrie sieht er jenen Wissenschaftsanspruch realisiert: Sie erweisen sich als weit zuverlässiger als die übrigen Disziplinen, weil »sie allein mit einem so reinen und einfachen Objekt umgehen, daß sie gar nichts voraussetzen, was die Erfahrung unsicher machen wird, sondern ganz auf vernünftigen

Deduktionen und Folgerungen beruhen«[43]. Man darf also – so seine Forderung – mit keinem Gegenstand umgehen, über den man nicht eine den arithmetischen oder geometrischen Beweisen entsprechende Gewissheit gewinnen kann. Daraus könnte man resignativ die Konsequenz ziehen, man müsse auf jeglichen Erkenntnisanspruch im Bereich der empirischen Beobachtung verzichten. Descartes' weiterführende Antwort darauf erfahren wir erst in der dreizehnten Regel.

Nachdem die zweite Regel den Bereich für zuverlässige Urteile abgesteckt hat, steht in der dritten Regel die Klärung dessen an, wie solche Urteile aussehen. Täuschungsfreie Urteile können seiner Meinung nach nur durch Intuition und Deduktion gewonnen werden. Bezüglich der Intuition erklärt er zunächst lediglich, was sie in besonderem Maße auszeichnet, nicht aber, auf welchem Wege wir zu ihr gelangen können. Intuition stellt ein »deutlich bestimmtes Begreifen des reinen und aufmerksamen Geistes« dar. Diese zunächst nichts sagende Begriffsexplikation gewinnt erst durch die Zusätze »unbezweifelbares Begreifen« und »entspringt dem Lichte der Vernunft« etwas deutlichere Konturen. Was es mit dieser Fähigkeit zur Intuition auf sich hat, wird noch eingehender zu diskutieren sein. Vorläufig können wir festhalten: Es handelt sich dabei um eine Einsicht, die allein auf Vernunftgründen basiert und seitens der Vernunft als nicht weiter bezweifelbar gilt. In der Nichtbezweifelbarkeit liegt auch der Aspekt der Notwendigkeit einer solchen Einsicht begründet. Die von Descartes angeführten Beispiele erscheinen plausibel: »So kann jeder intuitiv mit dem Verstande sehen, daß er existiert, daß er denkt, daß ein Dreieck von nur drei Linien [....] begrenzt ist [...].«[44] In diesem Zusammenhang begründet er nochmals die Voraussetzungslosigkeit der Intuition. Die zu ihr gehörigen Verstandesoperationen müssen nicht nochmals (mithilfe einer anderen Regel) eingeführt werden und können ihrerseits nicht nochmals durch eine grundlegendere Regel begründet werden, da sie die allereinfachsten und grundlegendsten (»ersten«) sind, deren sich der Verstand immer schon bedienen muss. Die Intuition hätte also im Grunde ein doppeltes Resultat zu erbringen, zum einen die Einsicht in das, was als grundlegend anzusehen ist, zum anderen die zusätzliche Erkenntnis, inwiefern diese Einsicht als grundlegend anzusehen ist. Descartes vertraut darauf, dass im menschlichen Geist etwas Gotterfülltes liege. Für die von ihm als zweites Verfahren favorisierte Deduktion macht er geltend, was für jedes formallogische Ableitungsverfahren gilt: Die abgeleitete Aussage muss mit logischer Notwendigkeit folgen. Was aus sicher Erkanntem mit Notwendigkeit erschlossen wird, hat denselben Gewissheitscharakter wie das Urteil, von dem auszugehen ist. Als Resultat dieser Überlegungen formuliert er in der vierten Regel, was unter der Methode zu verstehen ist und zu welchem Ziel sie führen soll: »Unter Methode aber verstehe ich zuverlässige und leicht zu befolgende Regeln, so daß, wer sich pünktlich an sie hält, niemals etwas Falsches für wahr unterstellt und [....] die wahre Erkenntnis alles dessen erreicht, wozu er fähig ist.«[45]

Nach Klärung der grundsätzlichen Fragen geht er in den nun folgenden Regeln daran zu erläutern, worin die Methode im Einzelnen besteht. Die fünfte und sechste Regel fordern, dass man vor der Erklärung eines Sachverhalts versuchen müsse, einfache Elemente festzustellen, um von denen ausgehend dann zur Erklärung der komplexeren Sachverhalte vorstoßen zu können. Descartes formuliert damit als erste Aufgabe, dass der Forschende sich zunächst um eine Ordnung seiner »Materie« bemühen müsse. Das der Geometrie abgelesene analytische Verfahren soll in seiner Anwendung für einen anderen sachlichen Kontext aufgezeigt werden. Zur Bestimmung der »allereinfachsten« Erkenntnisse führt er die Unterscheidung zwischen »absolut« und »respektiv« ein. In Bezug auf das anstehende Analyseverfahren bedeutet das für den Forschenden, er müsse sich immer fragen, ob das »gefundene Element« noch in einer untergeordneten Beziehung zu einem anderen Element steht. Solange er für ein Element immer noch solche Beziehungen ausmachen kann, hat er in der natürlichen Ordnung noch nicht jene einfachen Elemente gefunden. Descartes lässt es somit offen, auf welche letzten Elemente wir in unterschiedlichen wissenschaftlichen Kontexten stoßen werden. Als einzige Richtlinie gibt er an, dass es im Grunde nur wenige »reine und einfache Naturen« gebe, »die zuerst und an sich selbst intuitiv erkannt werden können, nicht in Abhängigkeit von irgendwelchen anderen, sondern unmittelbar in den Erfahrungsdaten selbst oder vermittels eines uns angeborenen Lichtes«. – Auf die Unterstellung, der Mensch verfüge über ein »angeborenes Licht«, wird noch gesondert einzugehen sein.

Ersichtlich ist zumindest, wie Descartes die anvisierte Ordnung des Denkens konstruiert: Die Dinge sollen untereinander verglichen werden, um zu einem im »höchsten Grade absoluten« Element zu gelangen. Damit haben wir aber nur die erste Voraussetzung für wissenschaftliche Erkenntnis geschaffen. Wie wir weiter zu verfahren haben, gibt die siebte Regel an: Wir müssen uns darum bemühen, dass das zu Erklärende – sofern es nicht aus den ersten und an sich bekannten Prinzipien unmittelbar deduziert werden kann – am Ende einer Kette von deduktiven Ableitungen steht. Nur so ist sichergestellt, dass alles Einzelne auf wahre Intuition zurückgeführt werden kann. Für die Vervollkommnung der Methode erscheint es Descartes geraten, dass sich der Forschende bei der Ordnung der zu untersuchenden Materie auch um eine vollständige und geordnete Aufzählung bemüht. Es ist nicht erforderlich, dass er alle Einzelfälle aufzuzählen weiß, es reicht vielmehr schon, wenn er sein Material in bestimmte Klassen einteilt.

Descartes ergänzt die Erörterung der Methode um einen systematisch bedeutsamen Aspekt, indem er versucht, die Grenzen der

Erkenntnis genau festzulegen. Er führt gleichsam als Postulat für jeden Forscher und natürlich für jeden Erkenntnistheoretiker an, dass er sich der Grenzen seiner Erkenntnisfähigkeit bewusst sein müsse. Die Frage nach den Grenzen der Erkenntnis wird so zu einem wesentlichen Bestandteil einer jeden soliden Erkenntnistheorie. Denn durch nichts wird der Mensch mehr in die Irre geführt, als wenn er über etwas zu urteilen versucht, »was außerhalb unser ist und uns ganz fern steht«[46]. Zur Sicherheit der Erkenntnis gehört auch ein sicheres Wissen um die Grenzen, in denen sich Wissen einzig bewegen kann und soll. In Bezug auf das Subjekt legt er fest, dass neben dem Verstand auch noch die Einbildungskraft, die (optischen, taktilen, akustischen) Wahrnehmungssinne und das Gedächtnis eine Rolle spielen. Obwohl er gleichzeitig nur dem Verstand die Fähigkeit zum Wissen zuschreibt, bedarf es doch einer eingehenderen Analyse dessen, welcher Part den anderen Fähigkeiten zugesprochen werden kann. Die Sachen selbst seien nur insoweit zu betrachten, als sie den Verstand angehen.[47]

Seine Erörterungen verfolgen zum einen die Idee der Einheit der Wissenschaften (trotz verschiedenartiger Gegenstände und Gegenstandsbereiche), zum anderen die Festlegung der Grenzen menschlicher Erkenntnisfähigkeit. Diese Überlegungen stehen in einem engen Zusammenhang. Das wird allerdings erst deutlich, wenn man mit Descartes die Bedingungen der Erkenntnis betrachtet, die für ihn in der notwendigen Verknüpfung der Gedanken angelegt sind. Eine Erkenntnis genügt nur dann dem Anspruch, zuverlässig und evident zu sein, wenn ihre Gegenstände in die Form notwendiger Verknüpfungen gebracht werden können. – Damit trägt er dem Stellenwert der Notwendigkeit, den er bereits bei Galilei formuliert fand, Rechnung.[48]

Die Beschränkung des menschlichen Geistes geht also einher mit der Festlegung auf notwendige Denkoperationen. Wenn der Mensch den Wissensanspruch vertritt, die ganze Wahrheit erkennen zu wollen, dann übersteigt er den Bereich dessen, was er wissen kann. Es kommt nicht darauf an, etwas in seinem Wesen (d.h. in dem, »was ein Ding ist«) erkennen zu wollen, sondern darauf, sich die Notwendigkeit der Verknüpfung zwischen Ursache und Wirkung in den Phänomenen zur Evidenz zu bringen. Eine derartige Beschränkung, wie Descartes sie vornimmt, beinhaltet gleichzeitig eine Festlegung auf ein bestimmtes Wissenschaftsideal, das einzig die Bestimmung von Größenordnungen, d.h. Messverfahren und Quantifizierung empirischer Daten, als wissenschaftlich adäquate Methode ausweist. Zunächst ist damit keine weiter reichende Forderung verbunden als die, dass die Gegenstände in prinzipiell irrtumsfreie Deduktionen gebracht werden müssen. Nur auf solche Gegenstände mit einer derartigen Struktur ist die menschliche Erkenntnis anzuwenden. In der Konsequenz dieser Festlegung liegt es allerdings dann, die empirische Naturforschung auf die geometrisch-mechanischen Wechselwirkungen von Körpern zu begrenzen, da nur derart einsehbare Notwendigkeiten angegeben werden können. Descartes' Abgrenzung von der Naturphilosophie der Renaissance gewinnt jetzt schärfere Konturen, in deren anthropomorphisierender Naturerkenntnis vom Sein der wirklichen Dinge in der Weise gesprochen wurde, als ob eine solche Ordnung und Notwendigkeit in der Natur begründet und aus ihr ablesbar sei.[49]

Die Ordnung der Regeln

In der zwölften Regel nimmt Descartes ausführlich Stellung zu den angeführten Fragen: a) was von selbst ersichtlich ist, b) wie eines aus dem anderen erkannt werden kann, c) was aus jedem deduziert werden kann. In seinen Ausführungen darüber, was der menschliche Geist sei bzw. wie wir uns, die wir erkennen, einzuschätzen haben, wird der Grundstock für jene Form der

Erkenntnistheorie gelegt, die man allgemein als Rationalismus zu charakterisieren pflegt. Ausschlaggebend für die Unterscheidung zwischen Rationalismus und Empirismus ist der Stellenwert, welcher der sinnlichen Wahrnehmung und welcher dem Verstand zugemessen wird.

Descartes beginnt mit der Charakterisierung der äußeren Sinne als eines passiven Vermögens. Unsere Wahrnehmungen müssten wir uns so vorstellen, dass der empfindende Körper von dem wahrgenommenen Objekt organisch beeinflusst wird. Durch die Wahrnehmung prägt sich uns gleichsam ein gestalthaftes Moment ein. Nach Descartes' Darstellung geschieht dies dadurch, dass die Figur auf einen anderen Körperteil, den er als Gemeinsinn bezeichnet, übertragen wird. Der Gemeinsinn seinerseits gibt diese Figuren oder Ideen in das Vermögen der Einbildungskraft bzw. der Fantasie. Gegen diese Vermögen der sinnlichen Wahrnehmung und der Einbildungskraft abgegrenzt, stellt er das Denken als die eigentliche Kraft des Erkennens dar.[50] Diese geistige Kraft, d.i. der Verstand, kann sich auch mit nichtmateriellen Gegenständen beschäftigen. Dabei geht es um reine Verstandeseinsichten, bei denen der Einfluss der Sinne und der Einbildungskraft gänzlich auszuschalten ist. Wenn wir uns jetzt auf den Verstand als die eigentliche Kraft konzentrieren, dann zeigt sich ein grundlegender Unterschied zwischen den behandelten Sachverhalten. Thematisieren wir diese rein in Bezug auf unsere Erkenntnis, können wir rein analytisch Differenzierungen vornehmen, um so zu einfachen Elementen zu gelangen. Darin unterscheidet sich gerade die Verstandeserkenntnis von der Wahrnehmung. Ein wahrgenommener Gegenstand erscheint uns als eine Einheit, während der Verstand auf analytischem Wege den Aspekt der Körperlichkeit, der Ausdehnung und der Gestalthaftigkeit gewinnt. Damit erfährt der Ausspruch »wo wir von den Dingen handeln, soweit sie vom Verstande erfaßt werden« seine Klärung. Es geht Descartes um Formen des Denkens, die immer in Anwendung sind, wenn wir uns auf Gegenstände beziehen. Diese Denkformen werden vom Verstand klar und deutlich erfasst, was besagt, dass sie auf analytischem Wege nicht in noch einfachere zerlegt werden können (wie es bei den Denkformen »Figur«, »Ausdehnung«, »Bewegung« der Fall ist). Alle übrigen haben wir uns »auf irgendeine Weise« zusammengesetzt vorzustellen. An dieser Stelle wird ersichtlich, wie Descartes versucht, nach der Methode »more geometrico« die Erkenntnis aufzubauen.

Nachdem er die besondere Eigenart der Erkenntnissachverhalte charakterisiert und sie von empirischen Sachverhalten abgegrenzt hat, gibt er als zweiten Punkt eine Unterscheidungsmöglichkeit dieser Verstandessachverhalte an: Rein intellektuell sind jene Sachverhalte, die rein durch ein »angeborenes Licht« und ohne Zuhilfenahme von gegenständlichen Vorstellungen erkannt werden (z.B. die Ideen »Erkenntnis«, »Zweifel«, »Wille«); rein materiell sind jene, die nur in Bezug auf Körper (d.h. auf Materie) ihre Bedeutung (wie es etwa bei »Figur«, »Ausdehnung«, »Bewegung« der Fall ist) haben; allgemein sind jene, die körperlichen und geistigen Phänomenen in gleicher Weise zugesprochen werden können. Dazu zählen »Existenz«, »Einheit«, »Dauer«, aber auch jene Allgemeinbegriffe (notiones communes), mithilfe deren einfache Begriffe miteinander verbunden oder mithilfe deren Schlussfolgerungen gezogen werden können. Descartes hält weiterhin fest, dass die Verbindung der einfachen Sachverhalte den Charakter der Notwendigkeit oder der Zufälligkeit haben kann. Notwendig sind solche, in denen der eine Begriff nicht ohne den anderen gedacht werden kann; beispielsweise impliziert die Vorstellung »Figur« notwendig die Vorstellung »Ausdehnung«, der Begriff »Körper« notwendig »räumliche Ausdehnung«.[51] Descartes konstatiert, dass unsere Erkenntnis sich nur auf diese einfachen Naturen und deren Zusammensetzung bezieht und dass der Verstand hinsichtlich dieser Erkenntnis von keinerlei empirischer Erfahrung getäuscht – aber auch nicht gestützt – werden kann. In diesen genannten Punkten finden wir gleichsam programmatisch die erkenntnistheoretische Position formuliert, die man als Rationalismus bezeichnet. Descartes grenzt seine Position deutlich von jeder empirischen Konzeption ab: Wir haben diese Begriffe weder aus der Erfahrung gewonnen, noch dürfen wir behaupten, dass die Einbildungskraft die sinnlich wahrgenommenen Gegenstände getreu wiedergibt. Ebenso unhaltbar wäre seiner Meinung nach eine empiristische Auffassung, wonach die Sinne die wahren Gestalten der Dinge wiedergeben würden.

Descartes' Position lässt sich in folgenden Punkten zusammenfassen[52]: 1. Dem Menschen steht nur die Intuition und die notwendige Deduktion als Weg zur gesicherten Erkenntnis offen; 2. die einfachen Sachverhalte können nur durch Intuition erkannt werden; jeder Versuch, diese durch Definitionen zu erläutern, birgt die Gefahr in sich, statt der einfachen nur zusammengesetzte Sachverhalte einzuführen; 3. die Wissenschaft besteht darin, dass wir deutlich durchschauen, wie jene einfachen Sachverhalte sich bei der Zusammensetzung der übrigen vereinigen; 4. Erkenntnisse bestehen allein in der Zusammensetzung der (durch die Intuition) an sich selbst bekannten Sachverhalte.

In diesem Regelwerk glaubt Descartes den Grundstein der gesicherten Erkenntnis nach dem Vorbild der Methode »more geometrico« gelegt zu haben. Er musste jetzt nur noch zeigen, wie man sich mit diesem methodischen Rüstzeug in den Wissenschaften bewegen kann. In der dreizehnten Regel, die im Grunde seine ganze Methodologie enthält, geht er diese Aufgabe an: Man muss zum einen sicherstellen, in welchen Bereichen vollkommen verstandene Probleme formuliert werden können, und zum zweiten zeigen, wie unvollkommen verstandene Probleme auf vollkommen verstandene zurückgeführt werden können.

Diesen methodischen Kunstgriff vollzieht Descartes in der dreizehnten Regel. Da die vollkommen verstandenen Fragen nur in der reinen Mathematik vorkommen, führt die Zurückführung der empirischen Fragen auf vollkommen verstandene zur Idee einer mathematischen Physik, die sich im Allgemeinen darauf beschränkt, »bestimmte Größen miteinander zu vergleichen«, und nicht mehr daran denkt, »daß wir uns mit diesem oder jenem Objekt beschäftigen«[53]. Bei der Konzeption der *Regulae* lässt sich Descartes von folgenden Differenzierungen leiten: Alle wissenschaftlichen Fragen werden in »einfache Sachverhalte« (propositio[54]) und Probleme (quaestio) eingeteilt, die Probleme wiederum nach vollkommen und unvollkommen verstandenen unterschieden. Als unvollkommene Probleme bezeichnet er jene, in denen mehr gefragt wird, als sich streng genommen aus den Daten ableiten lässt. Jeder Versuch einer Beantwortung der Frage aus ihren unvollständigen Daten birgt unvermeidlich die Gefahr von Fehlern in sich und würde auch nach Ansicht Descartes' der Definition der Wissenschaft als zuverlässiger und evidenter Erkenntnis widersprechen. Er konkretisiert dies in der zwölften Regel: Als charakteristisch für die unvollkommen verstandenen Probleme führt er an, dass deren Lösung auf Sachverhalten basiert, die nicht der Verstand »selbst zusammensetzt« (wie bei den geometrischen Konstruktionen), sondern die er in der Erfahrung als zusammengesetzt vorfindet. Im zweiten Fall handelt es sich offensichtlich um empirische Sachverhalte.[55] In etwas anderer Formulierung unterscheidet er zwischen den »direkten Propositionen« und den »indirekten«. Das Unterscheidungskriterium ist, ob die Probleme mithilfe einfacher Grundoperationen gelöst werden können (wie bei den direkten Propositionen) oder eine besonderen Methode erfordern. Die eigentlichen Schwierigkeiten beginnen damit, dass man die Kunst einer solchen Methode beherrschen muss, um indirekte Propositionen auflösen zu können. Das III. Buch hätte, glaubt man dem zusammenfassenden Überblick der zwölften Regel, dann ein gesichertes Verfahren angeben müssen, wie man empirische Fragen in eine verlässliche Form bringt. Dies geschieht, indem man sich bei seinen Aussagen auf das beschränkt, was durch Daten notwendig und hinreichend bestimmt ist. Es wird erkennbar, wie sich Descartes ein Gerüst der Methode in zahlreichen, aufeinander verweisenden Regeln zurechtlegt und auf welchem Wege es ihm gelingt, die Erkenntnis an das menschliche Erkenntnisvermögen zurückzubinden und die dem menschlichen Erkenntnisvermögen angemessene Gegenstandsstruktur zu bestimmen.

Der entscheidende Schritt Descartes' tritt deutlicher hervor, wenn wir uns einerseits seinen Anspruch, der Physik und mit ihr jeder Wissenschaft ein solides Fundament zu geben, vergegenwärtigen und uns andererseits vor Augen halten, mit welcher Art von Naturphilosophie er noch konfrontiert war. Diese war geprägt von der Annahme einer Harmonie zwischen Erkenntnis und Wirklichkeit. Descartes verlagert den Akzent nun derart, dass er nicht mehr die Frage nach den Kräften, die das Naturgeschehen beherrschen, stellt, sondern nach den Regeln, die den Aufbau der Erkenntnis und damit der Wissenschaft leiten. In dieser Akzentverschiebung zeigt sich auch die enge Verquickung von Naturphilosophie und Erkenntnistheorie. In dem Augenblick, in dem nicht mehr den Geheimnissen der Natur und dem Einfluss der himmlischen Sphären auf die irdische Welt, den Kräften der Pflanzen und der Verwandlung der Metalle nachgeforscht wird, stellt sich die Frage, woher wir dann unsere Einsichten und Erkenntnisse gewinnen können. Die Antwort Descartes' – und darin zeigt sich seine Bedeutung für die Philosophie der Neuzeit – ist, dass wir uns erst der Struktur unseres Denkens bewusst werden müssen, da jede Form von Erkenntnis immer mit den Formen unseres Verstandes zu tun hat.[56]

Der Einfall für die Konzeption einer solchen Methode kam ihm angesichts der Beweisführungen, wie sie in der Geometrie in Gestalt von logischen Folgerungen aus einfachen Sätzen vollzogen wurden. Eine solche Idee war einerseits durch die Überlegungen seines Freundes Beeckman und andererseits durch das Vorbild Galileis motiviert. Denn Galilei bediente sich bereits in den Naturwissenschaften und der Mathematik der analytischen Methode, bei der er zwei Aspekte der Analyse unterschied: den resolutiven, d.h. zergliedernden, und den kompositiven, d.h. zusammensetzenden, Aspekt.[57] Die bisherigen Ausführungen zu den *Regulae* müssten deutlich gemacht haben, wie sich Descartes die Kombination der Logik, der Geometrie und der Algebra vorstellte, um sein Ziel einer universalen Methode zu erreichen. Dabei übernahm er seiner Meinung nach von der Logik den streng deduktiven Aufbau, von der Geometrie und Algebra die Bestimmung des Objekts. Die Suche nach irgendwelchen Aussagen über die Substanz dieses oder jenes Dinges hält er für verfehlt. Vielmehr wird nach dem Vorbild der Geometrie und Algebra der Begriff der Ordnung und des Maßes zur Bestimmung des Objekts zugrunde gelegt.

Was Descartes' Stellung für die Philosophie der Neuzeit begründet, ist also seine Auffassung, dass eine reine Wissenschaft der »Proportionen« und »Relationen« die erste Forderung und den ersten Gegenstand bildet, auf den die Methode sich richtet.[58] Er sah, dass die mathematischen Disziplinen trotz der Verschiedenheit ihrer Objekte doch alle darin übereinstimmten, dass sie nur die verschiedenen Beziehungen oder Proportionen betrachteten, die sie in ihren Objekten fanden. Entsprechend wollte er nur diese Proportionen im Allgemeinen betrachten und als ihre Träger nur solche Gegenstände voraussetzen, die ihm helfen konnten, die Erkenntnis zu erleichtern, sogar ohne sie überhaupt an diese Gegenstände zu binden.[59] Für Descartes war entscheidend, dass wir in der veralteten Konzeption bei allen unseren Aussagen über besondere Qualitäten oder Quantitäten der Dinge immer so denken müssten, dass diese Qualitäten oder Quantitäten bestimmten Dingen anhaften. Die Vorstellung, wir könnten darüber eine sinnvolle Aussage machen, welche Qualitäten den Dingen anhaften, hält er für unzulässig, da sie eindeutig die Erkenntnisfähigkeit des Menschen übersteigen. Deshalb ist für ihn eine solche Annahme unhaltbar.

Während sich Descartes in den *Regulae* noch auf die Darstellung der regelgeleiteten Erkenntnisweise im Bereich der mathematischen Naturwissenschaft beschränkt, geht es ihm in seinem Werk *Discours de la méthode* darüber hinaus darum, die methodologischen Prinzipien so allgemein zu formulieren, dass sie auch in der Philosophie zur Geltung gebracht werden können. Erst damit holt er seinen eigenen Anspruch ein, zunächst geeignete Prinzipien für die Philosophie zu finden, aus denen die Ordnungsbildung für die Gegenstandswelt abgeleitet werden kann.[60]

Im *Discours* wiederholt er zunächst seinen allgemeinen Grundsatz, seine Aufgabe habe sich nie weiter erstreckt als auf den Versuch, seine eigenen Gedanken zu reformieren und auf einem Grunde aufzubauen, der ganz in ihm liegt. Bedenkt man, dass Descartes dies in einer Art stilisierter Biografie vorträgt, so berichtet er zunächst über sich, fordert aber implizit dazu auf, es ihm gleichzutun, d.h., nicht seine – Descartes' – Lehrmeinung zu übernehmen, sondern für sich selbst und bei sich selbst einen eigenen Grund des Erkennens zu suchen. Diese Art der Gewissheit kann jeder nur für sich gewinnen. Darin liegt ein Grund für den Solipsismus – darauf wird noch gesondert Bezug genommen werden. Descartes führt gleichsam seine Regel vor, ohne sie weiter zu begründen. Es ist also jedem Einzelnen vorbehalten, a) sich selbst Gewissheit zu verschaffen und b) zu Descartes' Grundsätzen Stellung zu nehmen und sie für sich selbst auf ihre Tauglichkeit zu prüfen. Er dürfte auch keine weiter gehende Forderung an den Leser stellen, wenn er sich nicht gleich in einen Selbstwiderspruch zu seiner ersten Regel verwickeln wollte. Was er für sich selbst in Anspruch nimmt, muss er auch jedem anderen zugestehen: Jeder kann nur für sich prüfen, was er als sicher und einleuchtend erkennen kann.

Der »biografische Descartes« berichtet über seinen Entschluss, die wahre Methode zu suchen, um zu der Erkenntnis aller Dinge zu gelangen, die sein Geist fassen kann, und über den Entschluss, vier Regeln stets zu befolgen. Die vier Regeln des *Discours* sind nicht willkürlich aneinander gereiht, sondern bilden ein System bzw. eine systematische Anordnung der zahlreichen Regeln, die er in den *Regulae* angeführt hatte. Die erste und die dritte Regel thematisieren das Subjekt der Erkenntnis: Was muss das Subjekt beachten, wenn seine Erkenntnis richtig sein soll? Die zweite und die vierte Regel geben an, welche Modifikationen am Gegenstand vorgenommen werden müssen, damit er der Erkenntnis zugänglich ist. Die erste Regel[61] (d.i. die Regel der Evidenz) fordert, niemals eine Sache als wahr anzunehmen, die ich nicht als solche sicher und einleuchtend erkennen würde. Diese Regel bedeutet erstens, alle Vorurteile zu vermeiden, und zweitens, nur das als Urteil gelten zu lassen, was sich dem eigenen Bewusstsein als so klar und deutlich darstellen würde, dass keine Möglichkeit des Zweifels mehr bestünde. Was »klar und deutlich« genauer zu besagen hat, wird uns noch später beschäftigen, hier beschränkt es sich auf die Nichtbezweifelbarkeit.

Die zweite Regel (d.i. die Regel der Zerlegung) verlangt, dass jede der Schwierigkeiten, die untersucht wird, in so viele Teile zerlegt werden soll, wie es möglich und zur besseren Lösung wünschenswert wäre. Wenn am Gegenstand nicht alle Teile klar erfasst werden können, muss er auf eine Weise unterteilt werden, dass man deutlich erkennbare Gegenstände erhält. Dies setzt natürlich die Annahme voraus, dass einfache Gegenstände der Erkenntnis zugänglicher sind. Diese Regel steht ebenso wie die dritte im unmittelbaren Zusammenhang mit der analytischen Methode. Descartes überträgt die Arbeitsweise der Mathematik auf die Realwissenschaften. Die strenge Gewissheit der Mathematik liegt für ihn in der Einfachheit der mathematischen Gegenstände begründet.

Die dritte Regel (d.i. die Regel der Ordnung) stellt die Forderung auf, die eigenen Gedanken so zu ordnen, dass mit den einfachsten und fasslichsten Objekten begonnen und von da aus stufenweise aufgestiegen wird bis zur Erkenntnis der kompliziertesten. Diese Regel bezieht sich auf das subjektive Moment der Methode. Wenn mit einer Mehrzahl zu erkennender Elemente zu rechnen ist, dann muss für diese Menge eine bestimmte Ordnung gefunden werden. Diese Ordnung des Denkens geht den empirischen Gegebenheiten voraus. Das bedeutet, das eigene Denken ist in einer »guten Ordnung« zu führen. Dabei wird gleichzeitig eine Ordnung zwischen den Gegenständen angenommen, die nicht aus der Natur der Gegenstände oder bestimmten Gattungen des Seins gewonnen wird. Darin zeigt sich, dass es Descartes um eine reine Gedankenordnung geht. Hier wird deutlich, wie das Vorbild der Mathematik greift: Wie deren Ordnung aufgrund von Folgebeziehungen zwischen Sätzen zustande kommt, so hier die Einordnung der Gegenstände in bestimmte Reihen, sofern die einen aus den anderen erkannt werden können.[62]

Die vierte Regel[63] (d.i. die Regel der vollständigen Synthese) verlangt, überall eine möglichst vollständige Aufzählung oder umfassende Übersicht zu gewährleisten, damit man die Sicherheit hat, nichts auszulassen. Über die Forderung der Vollständigkeit wird dem Anspruch auf Systematik des Denkens Rechnung getragen.

Wenn man Descartes einen besonderen Stellenwert als Begründer der Neuzeit einräumt, dann hängt das nicht zuletzt mit der veränderten Auffassung des Ordnungsgedankens zusammen. Wie sich das Wissen entwickelt, wird nicht mehr von einer bestehenden Seinsordnung her begründet. Die Entwicklung entspringt vielmehr dem Wissen selbst und wird von der autonomen Vernunft des Menschen festgesetzt. Die Ordnung des Denkens formuliert ihre eigenen Rationalitätsmaßstäbe.

So plausibel uns Descartes' Vorschlag einer gedanklichen Strukturierung der Erkenntnis erscheinen mag, so bleibt doch aus der Perspektive der philosophischen Tradition eine Frage gleichsam als Überhang: Wie ist denn sichergestellt, dass sich Denken und Wirklichkeit entsprechen? Diese Frage zieht sich durch die Geschichte der Philosophie seit der griechischen Antike hindurch. Aristoteles etwa formuliert: »Die Sache erscheine gleichsam als Grund dafür, daß die Aussage wahr ist. Denn sofern die Sache ist oder nicht ist, wird die Aussage wahr oder falsch genannt.«[64] Im Mittelalter erfährt diese Aussage eine spezifische Veränderung in der Formel »veritas est adaequatio rei et intellectus«, was dann zu der unpräzisen Formulierung führt: Ein Satz ist wahr, wenn er mit der Wirklichkeit übereinstimmt – unpräzise deshalb, weil sowohl die Feststellung der Entsprechung ein Problem darstellt wie die Bestimmung dessen, was denn unter Wirklichkeit zu verstehen ist.[65]

Descartes hat gegen ein solches Entsprechungsmodell an diversen Stellen entschieden seine Vorbehalte angemeldet. In seinem Versuch, die Grenzen des Erkennens zu bestimmen, um den Menschen vor »falschen Wahrheiten« zu bewahren, bringt er das hinreichend zur Sprache. Im Zusammenhang mit den Einwänden gegen den Repräsentationalismus werden wir nochmals darauf eingehen. Für Descartes besteht die Sicherheit zunächst in den notwendigen Verknüpfungen, denn diese sind vom menschlichen Verstand hergestellt und deshalb auch als notwendig einsehbar. Er schlägt damit eine an die mathematische Strukturbeschreibung angeglichene Abbildung als Erkenntnismodell vor.

Eine solche Beschreibung fungiert gewissermaßen als geistige Nachahmung des mechanischen Modells. Diese Nachahmung ist dem Menschen möglich, weil hier nicht die spezielle Natur des betrachteten Phänomens zur Klärung ansteht, sondern nur die notwendigen Verknüpfungen in ihnen, vermittels deren »eines aus dem anderen erkannt wird«[66]. In Gestalt der Strukturbeschreibung bietet sich nach Descartes dem Menschen die einzig mögliche »wahre Erkenntnis«.

Es scheint so, als hätten wir darin auch die Antwort auf die oben gestellte Frage zu sehen, inwiefern eine Methode auf beliebige Gegenstandsbereiche angewandt werden kann bzw. inwiefern die Frage der Entsprechung von Seinsordnung und Gedankenordnung damit sichergestellt ist. Die Antwort besteht ganz einfach darin, dass wir von einer Seinsordnung jenseits unserer gedanklichen Vorstellungen nichts wissen können. Eine grundlegende Erkenntnis des Verstandes ist da gegeben, wo er um die Grenzen seiner Erkenntnisfähigkeit weiß. Er gibt keine direkte Antwort, weil die Frage der Entsprechung in Descartes' Augen als verfehlte Problemstellung anzusehen ist. Gegenüber dem Anspruch, die wahre Ordnung der Natur zu erkennen, stellt sich die Ernüchterung ein, dass wir zu solcher Erkenntnisleistung nicht imstande sind.

Trotzdem könnte man noch gegen Descartes einwenden wollen, dass damit doch ganz unterschiedliche Gegenstände über einen Kamm geschoren werden. Seine Replik würde lapidar lauten: Wenn wir zu Erkenntnis gelangen wollen, müssen wir unseren Verstand nach einer zuverlässigen Regel gebrauchen. Diese finden wir in der von ihm entworfenen Methode. Das hat zur Konsequenz, dass wir nur über dieses methodische Vorgehen zu Erkenntnissen gelangen können und dass Gegenstände bzw. Sachverhalte nur insoweit der Erkenntnis zugänglich sind, als sie sich dieser Methode fügen.

In den bisherigen Ausführungen zu Descartes wurden neben dem »natürlichen Licht« (lumen naturale) der Begriff der Evidenz und auch andere Begriffe wie »Intuition« oder »einfache Naturen« scheinbar ganz selbstverständlich verwendet. Dahinter verbergen sich allerdings ganz spezifische Erkenntnisformen und Bestandteile der Erkenntnis, auf die ich im Einzelnen eingehen will. So selbstverständlich, wie Descartes diese Begriffe benutzt hat, sind sie für unsere moderne Denkweise nicht mehr. Andererseits haben sie – wenn auch in unterschiedlichen Gestalten – Eingang gefunden in spätere Positionen erkenntnistheoretischer Reflexion.

Bei der Erörterung der *Regulae* wurde mehrmals auf das »lumen naturale« gleichsam als Instanz der Erkenntnis Bezug genommen. Descartes spricht in gleicher Weise von »natürlichem Licht« und dem Vermögen der Intuition, wenn er zum Ausdruck bringen will, dass wir auf deren Grundlage unmittelbar einleuchtende und zugleich apodiktisch evidente Einsichten haben. Um verstehen zu können, was genau mit »lumen naturale« gemeint sein kann, müssen wir uns die darin angelegten metaphysischen Voraussetzungen vergegenwärtigen.[67] Sie bestehen darin, dass der menschliche Intellekt grundsätzlich seinem Wesen bzw. seiner »Natur« nach auf erkennbare Wahrheiten hingeordnet ist. Damit verbunden ist die Vorstellung, dass das Verständnis des Einfachsten und Grundsätzlichsten, das als »lumen naturale« allen menschlichen Erkenntnisbemühungen vorausliegt, zugleich deren verlässlichen Boden bildet. Die Herausarbeitung und methodische Entfaltung der wahren Natürlichkeit des menschlichen Intellekts eröffnet nach dieser Auffassung den Weg zu objektiver Wahrheit. – Die Konzeption des »intelligiblen Lichts«, in dem die Gegenstände wahrer Erkenntnis dem Geist sichtbar sind, kann man als »Denkmuster« der philosophischen Tradition seit der Antike zurechnen. Die vielfältigen Bezüge, die Descartes' Vorstellung dabei beeinflusst haben könnten, können in diesem Rahmen nicht hinreichend behandelt werden.[68]

Erst mit Blick auf diese metaphysischen Vorannahmen wird plausibel, warum Descartes in Bezug auf die »einfachen Inhalte« oder die »Allgemeinbegriffe« von Gegenständen sprechen kann. Die Art ihrer Gegenständlichkeit ist allerdings in der Weise eingeschränkt, dass nur der reine Intellekt sie zu rezipieren vermag; also rein intelligible Gegebenheiten. In den *Regulae* drückt Descartes seine Überzeugung aus, dass dem menschlichen Geist von Gott die Keime der Wahrheit eingeprägt worden seien. Gleichsam die späteren Einwendungen von Locke vorwegnehmend, weist er darauf hin, dass diese Keime lange in der Seele verborgen sein können, ohne bewusst zu sein. Bei entsprechender Gelegenheit können sie sich aber (quasi überraschend) als wichtige Einsichten zu Wort melden. Wenn man entsprechende Reflexionen bezüglich unseres Erkenntnisvermögens anstellt, können wir nach Descartes' Ansicht auf ein von Gott der Seele eingegebenes »natürliches Licht« bauen. Es enthält gewisse von Gott geschaffene Wahrheiten in sich. Descartes ist somit der Ansicht, dass diese im »lumen naturale« versammelten Wahrheiten als ursprüngliche Erkenntnisanlagen in der Seele von Anfang an enthalten sind. Alle durch das »lumen naturale« vermittelten Erkenntnisse können den Anspruch erheben, klare und deutliche Erkenntnisse zu sein. Mit den Kriterien »klar« und »deutlich« verbunden ist auch der Anspruch unzweifelhafter bzw. absoluter Gewissheit.[69] Zu diesem Bestand ursprünglicher Erkenntnisanlagen zählen auch die der Seele eingeborenen Wahrheiten.

Diese Konstellation lässt Descartes in einem eher traditionellen Licht erscheinen. Nicht zu Unrecht kann man behaupten, dass er trotz seiner Neuerungen in manchen Teilen noch den Vorgaben der Tradition verhaftet blieb. Einerseits wird mit Gott der »Herkunftsrahmen« der Wahrheiten angegeben, andererseits wird mit der Evidenz ein Erkenntnisvermögen des Menschen behauptet. Auch wenn dieses Vermögen von Gott stammt, ist damit noch nicht gezeigt, was die Einsicht zur Einsicht macht. Erst mit dem Hinweis auf diejenigen Wissenselemente, die klar und deutlich sind (bzw. sein sollen), gibt Descartes Kriterien dafür an. Die in dieser Konstellation enthaltene Ambivalenz könnte man so charakterisieren: Das »natürliche Licht« ist dem Menschen von Gott eingegeben, der Mensch allerdings muss sich durch eigene Reflexion darum bemühen, zu den in ihm angelegten Wahrheiten zu gelangen. Dies kann er nur dadurch, dass er sich durch die Eindrücke der Sinne und der Einbildungskraft nicht täuschen lässt. Vielmehr muss er sich Gedanken über die geeignete Methode für die Erkenntnis der Wahrheiten machen. In den *Meditationes* wird dann die Frage nochmals virulent, ob das, was der Mensch für seine Erkenntnis hält, nicht doch falsch ist; d.h., für die Evidenz wird in Gott nochmals der verbürgende Garant der Wahrheit gesucht. Die Frage, ob es nicht einen trügerischen Gott geben könne, der uns nur Pseudo-Wahrheit eingegeben hat, wird in Bezug auf die Ausgangskonstellation mit dem »lumen naturale« verständlich. Für die weiteren Überlegungen zur Interpretation sollten wir das »lumen naturale« als Restbestand aus der philosophischen Tradition dahingestellt sein lassen.

Im Folgenden sollen auch die anderen zentralen Begriffe, die in die Darstellung der Methode Eingang gefunden haben und die in Descartes' Argumentation einen zentralen Stellenwert innehaben, einer Klärung zugeführt werden. Die Selbstverständlichkeit, mit der Descartes von ihnen Gebrauch macht, darf uns nicht dazu verleiten, alle Bedenken gegen ihren Gebrauch als überflüssig zu betrachten. Unsere Aufmerksamkeit muss vor allem den beiden Begriffen »Intuition« und »Evidenz« gelten. Denn zum einen kann ein zu unreflektierter und daher oberflächlicher Gebrauch sehr schnell zu missverständlichen Deutungen führen, zum anderen stellt sich die Frage, ob wir ihnen denselben Stellenwert zumessen können wie Descartes. Allen voran suggeriert der Begriff »Intuition«, auf den Descartes sich bereits in den *Regulae* stützt und der in der ersten Regel des *Discours* im Vordergrund steht, ein besonderes, eventuell gefühlsmäßiges Erfassen der Wahrheit im Gegensatz zum bloß verstandesmäßigen. Ein derartiges Verständnis rückt den Begriff in die Nähe eines schöpferischen Erschauens. Eine solche Deutung entspricht aber nicht dem descartesschen Verständnis. Das zeigt sich schon darin, dass er statt von »Intuition« später überwiegend von evidenter Erkenntnis spricht.[70] Auch die Übersetzung von »Intuition« als »gewöhnliche sinnliche Anschauung« trifft nicht das, was Descartes damit meint. Der »intuitus« wird vielmehr als reiner Erkenntnisvollzug und Betätigung des reinen Intellekts verstanden. Einer solchen intellektuellen Tätigkeit ist es eigen, ihre Objekte mit einem Blick und in unerschütterlicher Gewissheit zu erfassen.[71]

In den *Regulae* bestimmt er zunächst die Intuition als die Art, in der wir die Grundsätze des Wissens erfassen. »Intuition« ist nicht zu verstehen als »das mannigfach wechselnde Zeugnis der Sinne oder [als] das trügerische Urteil, das sich auf die verworrenen Bilder der sinnlichen Anschauung stützt, sondern [als] ein so einfaches und distinktives Begreifen des reinen und aufmerksamen Geistes«[72]. Was aber bedeutet »Intuition« beispielsweise in Descartes' Forderung, nur solche Aussagen gelten zu lassen, die als evident eingesehen werden können oder aus evident eingesehenen Sätzen ableitbar sind? Eine erste Umschreibung für das, was mit »Intuition« gemeint ist, wäre, dass bestimmte Sachverhalte in unmittelbarer vernünftiger Anschauung erfasst werden können. Inwiefern der »Intuition« ein solch herausragender Stellenwert einzuräumen ist, muss noch deutlicher herausgestellt werden. Wir würden in dem Fall, dass eine Person uns gegenüber eine bestimmte Behauptung aufstellen würde und die Richtigkeit ihrer Behauptung mit dem Verweis auf ihre intuitive Erkenntnis beglaubigen wollte, dieser Person mit äußerster Zurückhaltung begegnen. Denn im Grunde könnte jeder für sich ein solches Vermögen einer intuitiven Erkenntnis reklamieren, ohne dass für die anderen überprüfbar wäre, ob er eine solche Art der Erkenntnis zu Recht für sich in Anspruch nimmt.

Descartes erhebt in den *Regulae* die Intuition in den Rang einer allein verbindlichen Instanz der Erkenntnis. Dabei dürfen wir unter »Intuition« nicht ein »privates« Vermögen, das einer spezifischen Person zukommt, verstehen, sondern eine spezifische Form des Erkenntnisvollzugs. In der Intuition ist eine eigentümliche Leistung des Intellekts zu sehen. Die Eigentümlichkeit liegt darin, dass der Intellekt das, was er erkennt, in einem Blick und in unerschütterlicher Gewissheit erfasst. Descartes unterstellt dabei, dass es notwendig evidente Einsichten gibt und dass diese Einsichten als unmittelbar einleuchtend eingesehen werden. Die Möglichkeit einer solchen Form der Erkenntnis ist also von der Existenz idealer Sachverhalte abhängig. In Bezug auf diese muss es denkpraktisch unmöglich sein, an der evidenten Einsicht bzw. am eigenen Überzeugtsein zu zweifeln. Von Intuition kann also bestenfalls da die Rede sein, wo wir auf Denknotwendigkeiten stoßen, die in unseren Augen nicht bestritten werden können.[73]

Charakteristisch für die Intuition ist nach Descartes, dass sie eine absolut klare und gewisse, durch einen einzigen Erkenntnisakt erfolgende Einsicht darstellt und gleichzeitig eine unmittelbare Erkenntnis des Erkenntnisobjekts liefert. »Unter Intuition verstehe ich [...] ein so leichtes und deutliches Begreifen des reinen und aufmerksamen Geistes, daß über das, was wir erkennen, weiterhin kein Zweifel mehr übrig bleibt, oder, was dasselbe ist, das über jeden Zweifel erhabene Begreifen eines reinen und aufmerksamen Geistes, das allein dem Lichte der Vernunft entspringt [...].«[74] (Die in dem Satz »cogito ergo sum« ausgedrückte Intuition steht repräsentativ dafür.)

In der nachfolgenden Tradition der Philosophie wird in diesem Kontext der Begriff »Vernunft« bevorzugt. Trotz dieser Bestimmungen von Intuition bleibt für Descartes offensichtlich doch noch eine Frage offen: Was sichert die Einsichten ab, d.h., worin besteht die Garantie, dass es sich nicht nur um vermeintliche Einsichten handelt? Der Gottesbeweis soll auf diese Frage die Antwort erbringen.

Unsere Klärungsbemühungen haben möglicherweise zu keiner hinreichend präzisen Bestimmung der verwendeten Begriffe geführt. Die in der dritten Regel der *Regulae* angedeutete Bestimmung von Intuition als »klare und evidente Intuition« nimmt Descartes in der Schrift *Principia philosophiae*[75] wieder auf. Im Grunde verschiebt er dabei nur die anstehende Klärung auf die Bestimmung von »Klarheit« und »Deutlichkeit«. Vermutlich wird man sich mit dem Interpretationsvorschlag[76] begnügen müssen, dass die Klarheit das eigentliche Kriterium für Intuition sei. Es scheint so, als stünden die Klarheit und die Einfachheit des Erkannten in einem gegenseitigen Bedingungsverhältnis: Einerseits wird die Intuition an Klarheit rückgebunden, andererseits sollen die klaren und deutlichen Elemente Resultat der Intuition sein. In Gestalt der Intuition erscheint die Vernunft als ein Vermögen, das Wahrheit produzieren kann. Aber von welcher Wahrheit ist dann die Rede? Eine solche Konzeption von Vernunft ist nicht erst in der Gegenwart auf eine handfeste Kritik gestoßen.[77] Ein sehr kritisches Resümee lautet: »Descartes hat in der Tat das Prinzip der Intuition überanstrengt, hat theoretische Entscheidungen erzwungen, die das Vermögen der anschaulichen Gegebenheit weit übersteigen.«[78]

Unsere Bemühungen um den Begriff der Intuition können nicht befriedigend abgeschlossen werden, wenn wir nicht auch das einer näheren Betrachtung unterziehen, worauf sich die Intuition richtet: die »einfachen Naturen«. Wiewohl wir schon im Rahmen der Erörterung der Methode darauf Bezug genommen haben, stehen noch einige Fragen bezüglich dieser »Naturen« an. Warum kommt Descartes auf die Idee, von einfachen Naturen zu sprechen? Eine erste, noch vage gehaltene Andeutung findet sich in der Erörterung der methodischen Ordnung (sechste Regel). In der gleichsam beiläufigen Bemerkung, dass es nur wenige einfache Naturen gebe, kennzeichnet er die Möglichkeit näher, wie wir diese erkennen können: Sie werden an sich selbst intuitiv erkannt, nicht in Abhängigkeit von irgendwelchen anderen, sondern unmittelbar in den Erfahrungsdaten selbst oder vermittels eines uns »angeborenen Lichts«. Die Einteilung der einfachen Naturen gewinnt Descartes aus den Erkenntnismitteln, die dem Menschen seiner Meinung nach zur Verfügung stehen: die rein geistigen durch ein gewisses »angeborenes Licht«, die materiellen durch die Anschauung gewisser in unserer Einbildungskraft »abgemalter materieller Bilder«[79]. Zur Charakterisierung der einfachen Naturen führt er solche Elemente an, von denen der Mensch eine intuitive Erkenntnis haben kann – Figur oder Gestalt, Ausdehnung, Bewegung und Ruhe, Zahl, Zeit, Dauer –, und schließlich gewisse Gemeinbegriffe wie das Drittengleichheitsgesetz (vgl. S. 64). Diese können vom Verstand einfachhin erkannt werden; ihre Erkenntnis ist so durchsichtig und deutlich, dass sie in Gedanken nicht in noch deutlicher erkannte aufgegliedert werden können.[80] Das Kriterium der Einfachheit ist in dieser Bemerkung Descartes' daran gebunden, dass man hinter Figur, Gestalt, Bewegung usw. als letzte Begriffe nicht nochmals zurückgehen und noch grundlegendere finden kann.

Denn bereits in den *Regulae*[81] zeigt er auf, dass es die einfachen Naturen (naturae simplices) sind, die ohne weiteres einsichtig sind. Die einfachen Naturen sind einerseits selbst Gegenstände, die der reine Intellekt festzustellen vermag, und andererseits Bedingungen der Möglichkeit der Gegenstandsgegebenheit. Das bedeutet, der Intellekt vermag einzusehen, dass man ganz allgemein in Bezug auf Körper (oder Gegenstände) von Ausdehnung und Gestalt, von zeitlicher Dauer sprechen muss. Diese Einsicht hält fest, dass wir in Gestalt der einfachen Naturen die allgemeinsten Bestimmungen für jede Art der Gegenständlichkeit haben. Sofern wir von Gegenständen sprechen, müssen wir Ausdehnung, Gestalt, Raum, Dauer in der Zeit mitdenken. Descartes spricht in diesem Zusammenhang davon, dass wenigstens gewisse einfache und allgemeine Dinge wahr sind.[82] Darin sieht er ein erstes Argument für seine Annahme, dass jene Wissenschaften, die nur von den allereinfachsten und allgemeinsten Gegenständen handeln, etwas von zweifelloser Gewissheit haben.

Für eine angemessene Klärung des besonderen Status der einfachen Naturen müssen wir uns zunächst vergegenwärtigen, wie sich Descartes die Erkenntnis des Körperlichen vorstellt. Dazu legt er folgendes mechanistisches Modell vor: Auszugehen ist von einem passiven Subjekt, auf das irgendwelche Sinnesreize einströmen. Das wahrnehmend erkennende Subjekt ist bloß rezeptiv tätig. Es kann zwar seine Sinnesorgane den Objekten aktiv durch eine Körperbewegung zuwenden, die Sinne selbst sind aber nur passiv. Zur Illustration, wie diese Passivität im Wahrnehmungsvorgang zu verstehen ist, führt Descartes als Vergleich an, dass die Vermittlung der Sinneseindrücke so vonstatten geht wie beim Wachs, das seine Figur von dem Siegel (eines Siegelrings) erhält. Descartes ist der Meinung, dass die äußere Gestalt des empfindenden Körpers, des Sinnesorgans also, vom einwirkenden Objekt auf dieselbe Weise verändert wird wie das Wachs durch das Siegel.[83] Der nächste Schritt in dem mechanistischen Modell sieht nach Descartes so aus, dass diese Figur, die der äußere Sinn empfängt, unmittelbar an einen anderen Teil des Körpers übertragen wird. Diesen Teil bezeichnet er als »sensus communis« oder »Gemeinsinn«[84]. Der Gemeinsinn überträgt die (von außen erhaltenen) Figuren oder Ideen in die Einbildungskraft oder Fantasie. Die Einbildungskraft stellt in seinen Augen noch einen wirklichen Teil des Körpers dar, weshalb er diesen Vorgang wiederum nach dem Modell des Wachsabdrucks verstehen kann. In einem letzten Schritt werden in der Einbildungskraft die Figuren von der rein geistigen und erkennenden Kraft gesehen und erkannt. Der Verstand sieht nur, was ihm die Einbildungskraft bietet. Von einer Aktivität des Verstandes dürfte man in diesem Zusammenhang nur in dem Sinne sprechen, dass der Verstand auf das Gedächtnis oder die Fantasie einwirken kann, indem er neue Ideen vorzeichnet. Im weiteren Gedankengang klärt Descartes dann darüber auf, was aus der Einbildungskraft vermittels der Wahrnehmung für die sichere Erkenntnis gewonnen werden kann. Seiner Ansicht nach kann sich der Verstand auf die in den Sinnen gegebenen und in der Einbildungskraft wiedergegebenen »Bilder dessen, was materiell ist«[85], beziehen. Nach diesem Modell haben wir also Sinnlichkeit und Einbildungskraft als den Ursprungsort der einfachen materiellen Ideen anzusehen. Wenn er aber von diesen einfachen Naturen aussagt, dass sie durch sich selbst bekannt sind und niemals etwas Falsches enthalten, kann er es nicht bei der Angabe des Ursprungsortes belassen. Vielmehr müssen sie erst mit dem Geist in Berührung kommen, damit wir über sie urteilen können.[86]

Descartes geht die weitere Klärung dieser Fragen mit einer Einteilung dieser einfachen Naturen in rein intellektuelle, rein materielle und allgemeine an. In einem zweiten Schritt benennt er deren spezifische Erkenntnisweise: Rein intellektuell sind diejenigen, die vom Verstand sozusagen durch ein »angeborenes Licht« und ohne jede Zuhilfenahme einer bildlichen Anschauung erkannt werden[87], rein materiell sind die, bei denen man erkennt, dass es sie nur in Körpern geben kann (wie Figur, Ausdehnung,

Bewegung), und als allgemein werden diejenigen bezeichnet, die dem, was körperlich ist, und dem Intellekt[88] ohne Unterschied zugesprochen werden, wie beispielsweise Existenz, Einheit, Dauer. Zu Letzteren zählen auch jene Gemeinbegriffe, die die Verbindungsglieder zwischen den »einfachen Naturen« darstellen und die die Grundlage (der Evidenz) abgeben für das folgernde Denken. Descartes führt dazu jenes Drittengleichheitsgesetz an: Wenn zwei (oder mehrere) Elemente in Bezug auf ein drittes Element gleich sind, dann sind sie auch untereinander gleich; »was nicht auf die gleiche Weise auf dasselbe Dritte bezogen werden kann, besitzt auch unter sich einen Unterschied«[89]. An unterschiedlichen Textstellen führt er noch weitere solche »notiones communes« an, etwa den Grundsatz, dass das Nicht-Seiende keine Attribute haben kann (oder positiv formuliert: alles, was Attribute hat, ist ein Seiendes) oder auch das Kausalitätsprinzip.[90] Offensichtlich erschien ihm die Annahme solcher – von ihm als Gemeinbegriffe bezeichneten – Prinzipien nicht weiter problematisch oder gar begründungsbedürftig. Sie sind mit Sicherheit nicht erst aus der Erfahrung gewonnen, insofern könnte man sie den »eingeborenen Ideen« zurechnen, andererseits sind sie rein formal und sagen nichts über irgendwelche idealen Sachverhalte aus.

Belassen wir es zunächst bei Descartes' Formulierung, das Einfache und ohne weiteres Einsichtige, das dem menschlichen Denken vor jeder Anstrengung des Erkennenwollens zugänglich ist, sei als »naturales simplices« zu verstehen.[91] Zumindest soviel wird dabei ersichtlich: Solche einfachen Inhalte sind Descartes zufolge unserem Auffassungsvermögen ohne weiteres zugänglich und in ihrer inhaltlichen Komplexion dem Bewusstsein (bona mens) angemessen. Man darf dabei in seine Aussage nicht hineininterpretieren, er habe damit ein irgendwie geartetes einfaches inhaltliches An-sich postuliert oder einfache Bewusstseinselemente, d.i. unzerlegbare Bestandteile des Bewusstseins.

Ergänzend muss noch hinzugefügt werden, dass für Descartes nicht allein die einfachen Naturen durch sich selbst bekannt sind und vollständig erkannt werden, sondern auch die Verbindung dieser einfachen Sachverhalte untereinander. Er begründet dies, indem er die notwendige Verbindung dieser Sachverhalte erklärt: Eine solche ist dann gegeben, wenn der eine Sachverhalt gewissermaßen in einer solchen Verschlingung in den Begriff des anderen verwickelt ist, dass wir uns keinen von beiden deutlich vorstellen könnten, falls wir urteilen sollten, sie seien getrennt.[92] So können wir z.B. nicht die Figur oder Gestalt ohne Ausdehnung denken oder die Bewegung ohne Zeit bzw. Dauer.[93] Als einfach bezeichnet Descartes diese Naturen insofern, als sie unserem Auffassungsvermögen ohne weiteres zugänglich sind. Für unseren Sprachgebrauch bietet es sich an, statt von einfachen Naturen von einfachen Inhalten zu sprechen.[94] Der Zusammenhang zwischen den »Inhalten« wird einerseits durch Prinzipien rein formalen Charakters hergestellt, die Descartes als »notiones communes« (Allgemeinbegriffe) bezeichnet, und andererseits durch »coniunctiones necessaria« (notwendige Verbindungen).

Festzuhalten bleibt, dass bei Descartes die Hinordnung des menschlichen Intellekts auf wahrhafte intelligible Einsichten die metaphysische Basis seines Methodenprogramms bildet. Sein Vertrauen darauf, dass die menschliche Erkenntnisbemühung im »lumen naturale« ihren gesicherten Boden habe, wird nicht weiter begründet.[95]

Für die Charakterisierung der »angeborenen Ideen« bleiben somit zwei Merkmale übrig: Wir verfügen über solche Ideen immer schon, ohne dass wir sie selbst erfunden hätten, und wir können nachweisen, dass sie zweifelsfrei gültig sind.[96] In diesem Nachweis erfüllen wir das Kriterium der Gewissheit. Diese erfordert die Fähigkeit zu bestimmten Einsichten, und diese

Fähigkeit ist mit dem »lumen naturale«, also der Erkenntnis durch Intuition, dem Menschen gegeben.

In der Nachfolge Descartes' wird gegen seine Annahme von »notiones communes«, die er wie selbstverständlich den einfachen Naturen zuordnet, vorgebracht, er hätte diese Prinzipien doch begründen müssen, wenn diese mit dem Anspruch objektiver Gültigkeit verwendet werden. Soviel kann schon vorweggenommen werden: Auch da, wo Descartes mithilfe des methodischen Zweifels vieles infrage stellt, bleiben die »notiones communes« dabei ausgespart. Im Hinblick auf seinen Versuch einer Begründung der objektiven Gültigkeit von Urteilen hat das zur Konsequenz, dass die von ihm entwickelte (metaphysische) Begründung schon mit der Voraussetzung arbeitet, dass die »notiones communes« Urteile mit objektiver Gültigkeit darstellen, die nicht erst noch zu begründen wären.[97] Diese erkenntnismetaphysische Konzeption, die den Rahmen für den »intuitus« und die »naturae simplices« abgibt, muss in unseren Augen als äußerst problematisch erscheinen. Man muss sich vor Augen halten, dass Descartes' Konzeption eine doppelte Voraussetzung beinhaltet: zum einen die Möglichkeit, dass dem reinen Intellekt ganz spezifische Gegenstände zugeordnet sind, nämlich die »naturae simplices«, zum anderen, dass diese einfachen Naturen die Grundlage der Erkenntnis abgeben, d.h., sie sind der existierenden Welt als »Garant« der objektiven Möglichkeit zugeordnet.[98] Descartes' Vertrauen darauf, dass die menschliche Erkenntnisbemühung in dem ihr eingegebenen »lumen naturale« den gesicherten Boden der Erkenntnis habe, wird sicher nicht mehr uneingeschränkte Zustimmung erhalten können.

Die vorliegende Deutung der angeborenen Ideen orientierte sich an der Bemerkung Descartes', bei der Evidenz handle es sich um ein spezifisches Erkenntnisvermögen. Allerdings lassen sich auch Bemerkungen anführen, die es nahe legen, die angeborenen Ideen als substanziell Eingeborenes, also im Sinne eines Wissensbestandes zu deuten. Sowohl die Kritik von Hobbes wie die Argumentation von Locke zielen auf die Unhaltbarkeit der Annahme, dass solche Ideen als fertige Gedankengebilde der Seele immer schon eingeboren seien. In seiner Erwiderung auf Hobbes stellt Descartes selbst aber in Abrede, dass er unter den eingeborenen Ideen fertige Inhalte verstehe. Das Attribut »eingeboren« diene zur Bezeichnung eines Wissens, das zwar potenziell in uns angelegt ist, aber eben nicht immer zu unserem aktuellen Wissensbestand gehört. Nur unter bestimmten Bedingungen ist uns dieses Wissen gegenwärtig, nämlich dann, wenn man sich dieser Ideen klar bewusst ist. Von den verworrenen, durch die Sinne gegebenen Ideen, mit denen sich die meisten Menschen begnügen, unterscheiden sich jene, die zum Bestand der angeborenen Ideen gehören, dadurch, dass man von ihnen das Bewusstsein absoluter Gewissheit haben kann. Descartes müsste in dem Sinne argumentieren, dass wir beispielsweise die Idee »Denken« oder die Idee »Gott« immer schon mit uns herumtragen, ohne uns darüber Klarheit verschafft zu haben, dass diese den Charakter der Gewissheit insofern mit sich tragen, als sie dem reflektierenden Bewusstsein als unbezweifelbar erscheinen. – Den nahe liegenden Einwand, dass eine solche Einsicht der Unbezweifelbarkeit nur auf der Grundlage der vorherrschenden Überzeugungen gegeben sei, lassen wir zunächst auf sich beruhen.

Mit der viel zitierten Evidenz verbinden sich nicht weniger Vorbehalte. Für eine zumindest vorläufige Klärung mag folgender Definitionsversuch weiterhelfen: Sachverhalte, von denen wir überzeugt sind und die uns unmittelbar einleuchten, ohne dass wir uns auf eine weitere Begründung stützen könnten, bezeichnen wir als evident.[99] Beispielsweise sagen wir »Es ist evident, dass 2+2=4« oder »Für Sherlock Holmes ist es evident, dass XY der Mörder ist«. Beide Aussagen enthalten die doppelte Möglichkeit, dass entweder ein Sachverhalt einer Person evident ist oder dass ein Sachverhalt ganz allgemein evident ist. Im ersten Fall ist Evidenz ein rein subjektives Kriterium für Wahrheit, im zweiten Fall ist ein zusätzliches Kriterium der Verlässlichkeit (von Evidenzen) hinzuzufügen. Descartes spart sich diese wichtige Unterscheidung. Meist demonstriert er diese Form der Einsicht am Beispiel mathematischer Sätze: Sie werden dadurch begründet, dass man sie auf hinreichend einfache Sätze zurückführt[100], denen insofern Evidenz zukommt, als in ihnen Einsichten in den Zusammenhang idealer Sachverhalte vermittelt werden. Unter Evidenz ist dann die intuitive Erkenntnis objektiver Sachverhalte zu verstehen, wobei diese nur dem mathematisch geschulten Denken so unmittelbar einleuchtend sind. Deshalb könnte man einwenden, dass die Evidenz nur im Bereich der Mathematik Geltung beanspruchen könne bzw. dass sie nur für diesen Bereich als spezifische Erkenntnisweise veranschlagt werden könne. Erst wenn man auch die anderen Beispiele Descartes' für evidente Einsichten, nämlich die Erkenntnis der einfachen Naturen, in Rechnung stellt, wird ersichtlich, dass er die Evidenz bestimmten Denknotwendigkeiten vorbehält. Evidenz darf also auf keinen Fall als ein subjektives Überzeugungsgefühl gedeutet werden.[101]

Diese Erläuterung von Evidenz findet allerdings dort ihre Grenzen, wo Descartes selbst die weiter gehende metaphysische Frage aufwirft, wie sichergestellt sei, dass jede Evidenz auch verlässlich und jede klare und deutliche Perzeption richtig ist. Eine weiterführende Klärung liefert Descartes in den *Meditationes* im Zusammenhang mit seinem Beweis der Existenz eines vollkommenen Gottes, der uns nicht täuscht. In diesem Zusammenhang hat der methodische Zweifel, auf den wir noch zu sprechen kommen werden, seinen besonderen Stellenwert. Wenn die erste Regel in den *Regulae* die Wahrheit aller evidenten Urteile und gleichzeitig die Beschränkung auf evidente Urteile fordert, dann kann der methodische Zweifel als ein Verfahren angesehen werden, dieses Evidente auf eine spezifische Art einzugrenzen.

Begründung durch Gewissheit

Es geht zunächst um die Frage, wie eine gesicherte wissenschaftliche Erkenntnis begründet werden kann. Nach den bisherigen Ausführungen zur Methode mag eine solche Problemstellung verwundern, da man doch in einer spezifischen Vorgehensweise den Garanten sicherer Erkenntnis vermuten konnte. Eine zusätzliche Bürgschaft für die Erkenntnis steht nun zur Diskussion. Die Notwendigkeit einer zusätzlichen Begründung sah Descartes schon während der Abfassung der *Regulae*. Im Herbst 1628 unterbricht er deren weitere Ausarbeitung und wendet sich stattdessen metaphysischen Überlegungen zu. In einem Brief an seinen Freund Mersenne bekundet er, dass er glaubt, herausgefunden zu haben, »wie man die metaphysischen Wahrheiten auf eine Weise beweisen kann, die evidenter ist als die Beweise der Geometrie«[102]. In demselben Brief berichtet er davon, dass er seine Überlegungen in einem kleinen Traktat über Metaphysik niedergelegt habe, dessen Hauptpunkte den Beweis der Existenz Gottes und der unserer Seelen, insofern sie vom Körper getrennt sind, betreffen.[103]

Im Grunde handelt es sich um zwei – miteinander zusammenhängende – Probleme, die Descartes im Rahmen einer Erkenntnistheorie noch zu lösen hat. Das eine Problem rührt von der Umkehrung des Ordnungsrahmens her: Nicht mehr die (scheinbare) Ordnung der Natur oder des Kosmos (d.i. eine Ordnung des Seins) gibt die Richtigkeit des Denkens vor, vielmehr soll es jetzt um die Etablierung einer Ordnung des Denkens gehen. Aber Ordnung des Denkens bedeutet nichts Geringeres, als dass die Erkenntnis immer unter Bedingungen der Subjektivität steht. »Bedingungen der Subjektivität« meint, dass wir keinen Standpunkt außerhalb unseres Bewusstseins, außerhalb des Bewusstsein-Wirklichkeits-Bezugs, einnehmen können. Wir können nicht als scheinbar neutrale Beobachter über die Richtigkeit unseres Bewusstseins und die Richtigkeit unseres Wirklichkeitsbezugs urteilen. Descartes müsste also demonstrieren können, dass und wie das Bewusstsein zu einer gesicherten Erkenntnis fähig ist. Das zweite Problem berührt den Punkt, wie denn sichergestellt ist, dass unser (durch Regeln geleitetes) Denken die Wirklichkeit »tatsächlich« erfasst. Benötigen wir noch eine zusätzliche Garantie dafür, dass wir diese richtig erfassen? In den *Regulae* schien Descartes noch auf die Entsprechung von mathematischen Strukturmodellen und Wirklichkeit zu setzen. Im jetzigen Stand der Überlegung trägt er als Problem vor, dass für den Anspruch der objektiven Gültigkeit der Urteile noch ein Nachweis zu erbringen sei, dass Urteile und Ideen auf eine jenseits des Bewusstseins liegende Wirklichkeit realer Sachverhalte bezogen werden können. Solange er sich mit der für den mathematischen Bereich spezifischen Gewissheit begnügte, stellte sich die Notwendigkeit der Unterscheidung zwischen Gewissheit und Wahrheit nicht in der Weise. Der Gedanke mag dann aufkommen, wenn man jenseits der formalen Ableitungen der Mathematik zu Aussagen über eine empirische Wirklichkeit gelangen will, wie es für die Realwissenschaften nun mal gefordert ist. Dann kann man sich unter der Annahme eines bestimmten Modells der Repräsentation vor die Frage nach der Wahrheit der empirischen Aussagen gestellt sehen. Bedenken ließen sich ebenso hinsichtlich der Einsichten der Arithmetik und der Geometrie anmelden. Wäre es nicht denkbar, dass wir auch in diesem Bereich etwas für eine gesicherte Erkenntnis halten, was sich im Laufe der Zeit als falsch herausstellen könnte? Insofern müsste man von

Descartes fordern, auch für deren Einsichten und evidente Urteile einen irgendwie gearteten Nachweis der Berechtigung zu erbringen.

Der sachliche Grund für seinen Schritt zur Metaphysik liegt in der mit diesen Bedenken einhergehenden Forderung, die Möglichkeit wahrer Urteile auszuweisen. Die Metaphysik hat diese Aufgabe zu lösen, d.h., sie muss als »prima philosophia« den Weg zeigen, wie man zu Urteilen gelangen kann, die notwendig wahr sind. Wenn man zu solchen notwendig wahren Urteilen gekommen ist, müsste man von daher auch zeigen können, inwiefern diese als oberste Prinzipien[104] des Erkennens fungieren können.[105] Durch den erweiterten Begründungsanspruch werden mehrere Probleme angesprochen. Neben der Gültigkeit der bereits gewonnenen Einsichten steht die Entsprechung von Denken und Wirklichkeit, von Urteil und beurteiltem Sachverhalt, erneut zur Diskussion. An diesem Punkt der Überlegungen wird zwar zunächst nur das Verhältnis von subjektiven Urteilen und Wirklichkeit (jenseits des Bewusstseins) angesprochen, damit wird aber gleichzeitig der in allen subjektiven Urteilen erhobene Anspruch der objektiven Gültigkeit problematisiert. Zur Diskussion steht andererseits die Gewissheit unserer Urteile über ideale Sachverhalte. Descartes muss zeigen können, dass die Vernunft ein solches Vermögen ist, das zu einer absolut wahren Erkenntnis befähigt ist. Es geht zunächst um den Nachweis, inwiefern unbedingt wahre, also nicht nur hypothetische, sondern objektiv gültige Sätze möglich sind, und dann um den Nachweis, dass wir Aussagen über die Zusammenhänge der Wirklichkeit treffen können. Einem solchen Unternehmen ist nur dann Erfolg beschieden, wenn Descartes ein Kriterium der Wahrheit angeben kann. An diesem Moment, der Frage, wie subjektive Gewissheit und objektive Wahrheit zur Geltung kommen können, setzt der methodische Zweifel an.

Der skeptische Zweifel Descartes' wird beinahe bei jeder sich bietenden Gelegenheit zitiert. Aber die Häufigkeit des Zitierens trägt nicht notwendigerweise zu einem besseren Verständnis der Intention Descartes' bei. Auch da, wo das »dubito ergo sum« noch nicht zu einer beliebigen Leerformel verkommen ist, wird nicht immer seinem eigentlichen Anliegen hinreichend Rechnung getragen. Als systematisches Problem steht die Frage im Raum: Gibt es einen unbestreitbaren Satz, dem unbedingte Gewissheit und notwendige Wahrheit zugeschrieben werden können und der in seiner unbedingten Gewissheit und notwendigen Wahrheit als systematisch grundlegendes Prinzip jeder Erkenntnis gelten kann? In den *Regulae* haben wir bereits Formen des Zweifels kennen gelernt, wenn Descartes forderte, dass man nur solchen Erkenntnissen Glauben schenken darf, die man vollkommen erkennt und an denen sich nicht zweifeln lässt (zweite Regel). Das bezog sich zunächst negativ, abgrenzend auf die ihm vermittelten Schul- und Lehrmeinungen.

In diesem Zusammenhang erscheint eine genauere Differenzierung zwischen den verschiedenen Formen des Zweifels ganz hilfreich[106]: Denn ein adäquates Verständnis des methodischen Zweifels kann sich nur da einstellen, wo seine doppelte Funktion erkannt wird. Mit seiner kritisch-negativen Funktion geht eine positive einher, nämlich die Suche nach einem Satz, der allem Zweifel widerstehend als unbedingt gewiss und notwendig wahr ausgewiesen werden kann. Bisher haben wir das Zweifelspostulat im Sinne eines korrektiven oder eliminativen Zweifels kennen gelernt. Es galt, die aus der Tradition stammenden Vorurteile auszuschalten und zu einer Korrektur der vorurteilsbedingten Einstellungen zu kommen. Der nun in den *Meditationes* anstehende Zweifel ist von radikalerer Natur, da er auf die Frage der Erkenntnis überhaupt abzielt. In den ersten beiden Meditationen tritt Descartes den Versuch an zu beweisen, dass es eine notwendige Erkenntnis gibt. Ein solcher Nachweis hat seine besondere Relevanz in Bezug auf die Einsichten der Mathematik. Dabei macht er einem fiktiven skeptischen Dialogpartner das Zugeständnis, dass wir uns bei unseren sinnlichen Wahrnehmungen täuschen könnten. Beispiele dafür kennt jeder; Situationen, in denen man seine ursprünglichen Wahrnehmungen berichtigen musste. Descartes räumt zudem noch ein, dass der Wachzustand vom Traumzustand nicht durch ein sicheres Kennzeichen unterschieden werden kann. Es wäre also prinzipiell denkbar, dass wir zwar meinen, bestimmte Wahrnehmungen zu machen, in Wirklichkeit könnte alles aber nur Traum sein. Wir haben kein eindeutiges Kriterium, um die Gedankengänge des Traumes von solchen des Wachzustandes unterscheiden zu können.

Trotz dieser Zugeständnisse an einen Skeptiker meint Descartes doch an Folgendem festhalten zu können. Unabhängig davon, ob wir materielle Körper träumen oder tatsächlich wahrnehmen, gilt, dass wir uns etwas vorstellen, was a) räumliche Ausdehnung und eine Gestalt hat, b) von einer bestimmten Größe oder bestimmten Anzahl ist (d.h. eine Quantität hat), c) eine zeitliche Dauer hat. Wir mögen uns hinsichtlich eines konkreten Gegenstandes täuschen und etwas für einen Elefanten halten, was in Wirklichkeit eine Maus ist. Trotzdem muss man diese allgemeinen Bestimmungen für ein materielles Ding als notwendig wahr anerkennen. Descartes spricht in diesem Zusammenhang davon, dass wenigstens gewisse einfache und allgemeine Dinge wahr sind.[107] Darin sieht er ein erstes Argument für seine Annahme, dass jene Wissenschaften, die nur von den allereinfachsten und allgemeinsten Gegenständen handeln, etwas von zweifelloser Gewissheit haben. Solche Wissenschaften handeln von »allgemeineren Dingen«. Arithmetik und Geometrie, die repräsentativ stehen für solche nichtempirischen Wissenschaften, befassen sich mit »idealen Gegenständen«, mit Zahlen oder Dreiecken, mit der Winkelsumme eines Dreiecks. Descartes' Zusatzbemerkung, diese Wissenschaften würden sich nicht darum kümmern, ob jene allgemeinen Gegenstände in der Wirklichkeit existieren oder nicht, ist so zu verstehen, dass für solche rein gedanklichen Gebilde die Frage nicht ansteht, ob sie mit einer außerhalb des Denkens befindlichen Wirklichkeit übereinstimmen. Deshalb entfällt für sie der Einwand der möglichen Sinnestäuschung. Auf die Spitze treibt Descartes den methodischen Zweifel, indem er auch jene Einsichten als zumindest denkbar problematisch erscheinen lässt, für die er in seinen früheren Ausführungen den Status einer notwendigen Einsicht (d.i. einer apodiktischen Evidenz) beansprucht hatte. Es geht ihm ganz grundsätzlich um die Idee der Gewissheit selbst. Ist es denkbar, dass der Mensch die Ebene der Gewissheit erreichen kann? Falls dies möglich und auch zeigbar ist, hätten wir mit Descartes die Ebene der metaphysischen Vergewisserung erreicht. Der radikale Zweifel hat zum Ziel, allererst das Vertrauen auf eine solche Gewissheit reflektierend zu rechtfertigen – der Weg dahin ist mit einem Perspektivenwechsel vergleichbar: Man hat sich reflektierend in einen intellektuellen Status von der Art zu versetzen, dass man sich ohne alle Bedenken darauf verlassen könne. Es geht in dem Verfahren des methodischen Zweifels um ein Wissen des Wissens und damit um nichts Geringeres als um die Gewissheit, dass ein Wissen im Sinne der Wissenschaft möglich ist. Damit weist Descartes auch nach, dass die in der Mathematik repräsentierten Formen der Einsicht und der Wissenschaft ihre Berechtigung haben.

Zunächst stellt sich die Frage, was es denn mit der viel zitierten Gewissheit auf sich hat. Vorläufige Versuche, diesen Begriff mit »Gewisssein« oder »Unerschütterlichkeit« zu übersetzen, führen unweigerlich in psychologische Gefilde. Einem psychologisch gedeuteten Eindruck kann man aber nicht den Status eines archimedischen Punktes für jedes Wissen zumessen. Die Funktion des methodischen Zweifels besteht darin, den Umfang menschlicher Möglichkeiten der Selbstkorrektur auszumessen. Dasjenige kann als wahr und definitiv gewiss angesehen werden, hinsichtlich dessen im Rahmen menschlicher Erwartungen und Möglichkeiten eine Korrektur nicht mehr denkbar erscheint. Dieser Aspekt legt es nahe, »Gewissheit« als »Unkorrigierbarkeit« zu übersetzen.[108]

Um auch die bereits gewonnenen Einsichten zu überprüfen, führt Descartes fiktiv einen betrügerischen Gott, einen »genius malignus«, ein, in dessen Absicht es liegen könnte, die Menschen systematisch zu täuschen. Alles, was diese für eine notwendige Einsicht hielten, wäre dann ebenso falsch oder trügerisch, wie alle »Außendinge« nur ein täuschendes Spiel von Träumen sein könnten. Ist unter diesen verschärften Bedingungen noch eine notwendige Erkenntnis möglich? Oder müssen wir resignierend feststellen, dass nichts gewiss ist? Descartes' Antwort lautet: Selbst unter der Annahme, dass meine sämtlichen Gedankeninhalte und gegenständlichen Vorstellungen falsch sind, habe ich doch die Gewissheit, dass ich denke. Sooft ich einen (wenn auch möglicherweise falschen) Gedanken fasse, kann ich eine notwendige Wahrheit festhalten: »Ich bin, ich existiere.«[109] Bei allen Zweifeln, die ich anstelle, kann ich doch nicht bezweifeln, dass *ich zweifle*.

Diesen Gedankengang Descartes' gilt es ausführlicher zu entfalten. Er wird erst dann hinreichend durchsichtig, wenn wir zwei Momente auseinander halten: a) den bezweifelten Gedankeninhalt, b) den Akt des Zweifelns. Dies wird deutlicher, wenn wir uns eine Aussage anschauen: »Ich bezweifle, dass der Komet eine Sinnestäuschung war.« Der mit »dass« eingeleitete Gliedsatz bringt den Aussageinhalt zum Ausdruck, der durch »ich bezweifle« repräsentierte Teilsatz artikuliert eine epistemische Einstellung (eines Sprechers oder eines Denkenden). Die Wahrheit eines jeden Gedankeninhalts kann in Zweifel gezogen werden. Aber ganz unabhängig davon kann dabei die epistemische Einstellung des Denkenden nicht bestritten werden. In diesem Sinne ist nach Descartes' Meinung die Evidenz gegeben, dass ich denke (bzw. zweifle). Diese Evidenz stellt sich immer dann ein, wenn ich an etwas zweifle und gleichzeitig das Bewusstsein habe, dass ich zweifle. Der Sachverhalt, dass ich zweifle, ist für mich selbst nicht wieder bezweifelbar. Die Evidenz besteht darin, dass es einfach nicht denkbar ist, dass ich etwas bezweifeln kann, ohne den Denkakt des Zweifelns auszuüben. Insoweit kann jeder Descartes' Schlusssatz »Ich denke, ich existiere« als gesicherte Erkenntnis für sich nachvollziehen.[110] Dem Satz »Ich bin, ich existiere« schließt Descartes die einschränkende Bemerkung an, dass ich damit noch nicht zur Genüge verstanden habe, »wer ich denn bin, der ich jetzt notwendig« bin. Die Frage, ob ich mich nach den vorausgegangenen Überlegungen als ein körperliches oder nur als denkendes Wesen begreifen darf, ist damit noch nicht beantwortet.

Bevor wir uns auf diese weiterführende Frage einlassen, müssen wir uns eingehender darüber Klarheit verschaffen, was wir mit dem Satz »cogito, existo« erreicht haben. Die Ausgangsfrage war, ob das Bewusstsein zu einer notwendigen Wahrheit finden könnte, sodass man den Anspruch auf Erkenntnis unter diesen Bedingungen, den Bedingungen der Subjektivität, noch aufrechterhalten kann. Eine solche unaufhebbare, zweifelsfreie Wahrheit haben wir mit diesem Satz erreicht. Nur insofern ich diese Wahrheit denkend vollziehe, gilt sie; dann aber gilt sie mit Notwendigkeit. Die Notwendigkeit kommt darin zum Ausdruck, dass jeder weitere Zweifel daran scheitert. Der methodische Zweifel erstreckt sich nicht nur auf den Bereich des Objektiven, also auf unsere Aussagen über die materielle, sinnlich wahrnehmbare Welt, sondern auch auf den Bereich des Subjektiven, auf Erkenntnisse, die wir in solchen Wissenschaften wie der Arithmetik und der Geometrie gewonnen haben. Erst durch den methodischen Zweifel sind die Bedingungen für die Aufdeckung einer »ersten« Gewissheit geschaffen.

Beim jetzigen Stand der Überlegungen können wir den Stellenwert des methodischen Zweifels hinreichend beurteilen: Er führt uns zum einen an den Punkt, wo wir für unsere Erkenntnis kein vorausgehendes Wissen zu Hilfe nehmen müssen – insofern gewährleistet er einen voraussetzungslosen Anfang. Zum anderen stellt die gefundene Wahrheit des »cogito, existo« eine erste Gewissheit dar, die nicht ihrerseits von irgendeiner anderen Gewissheit abgeleitet worden ist: Ich weiß mich als denkend, also weiß ich mich als existierend. Ohne Bewusstsein gäbe es keine Gewissheit meiner Existenz. Insofern stellt das Selbstbewusstsein die Bedingung der Gewissheit des »Ich bin«/»Ich existiere« dar.

Descartes scheint damit sein Ziel erreicht zu haben: Er hat aufgezeigt, wie man zu einem ersten grundlegenden Satz gelangt, und hat zudem das Modell einer sicheren Erkenntnis, das den Kriterien der Klarheit und Deutlichkeit genügt, vorgeführt. Diese Erkenntnis entspricht durchaus einer »intuitus mentis«, einer Einsicht des Verstandes. Insofern mit dieser Erkenntnis auch das Kriterium jeglicher Wahrheit und Gültigkeit gewonnen wurde, kann Descartes diesem Satz den Status eines »ersten Prinzips« zusprechen.

Ergänzend zu den bisherigen Ausführungen bedürfen die unterschiedlichen Formulierungen dieses ersten Prinzips noch einer Erklärung. Ich habe die in den *Meditationes* getroffene Formulierung »Ich bin, ich existiere« (bzw. die Umformulierung »Ich denke, ich existiere«) herangezogen. Die bis in die Populärphilosophie hinein gebräuchliche Formel »cogito ergo sum«[111] verwendet Descartes in seiner Schrift *Discours* und in den *Prinzipien der Philosophie*. Diese Formel hat allerdings zu dem Missverständnis geführt, dass das »ergo« (»also«) eine logische Schlussfolgerung anzeigen sollte. Es müsste sich dann um eine verkürzte Ausdrucksweise eines Syllogismus handeln, der für eine vollständige Form um einen allgemeinen Obersatz[112] ergänzt werden müsste: »Alles, was denkt, ist« bzw. in hypothetischer Form »Wenn ich denke, bin ich«. Nur so käme die korrekte Schlussfolgerung zustande: 1. Satz: Alles was, denkt, ist/ Wenn ich denke, bin ich; 2. Satz: Ich denke; 3. Satz: Also bin ich. Würde diese Interpretation, die mit zahlreichen anderen Textstellen unterlegt werden kann, zutreffen, dann hätte Descartes für diesen Satz nur schwerlich den Status eines ersten Prinzips beanspruchen können. Denn er hätte für die Gültigkeit des Satzes bereits ein allgemeines Wissen, das in dem Obersatz zum Ausdruck kommt, voraussetzen müssen. Der erste Satz wäre dann in Wirklichkeit ein abgeleiteter Satz und könnte somit nicht die Grundlage aller Erkenntnis darstellen, da er von der Annahme des Obersatzes abhängig wäre. Wir wissen aber aus den bisherigen Überlegungen, dass ein oberster Grundsatz eben voraussetzungslos sein muss. Descartes selbst stellt in zahlreichen Äußerungen in Abrede, dass es sich dabei um eine logische Schlussfolgerung handeln würde. Man sollte das »cogito ergo sum« deshalb besser im Sinne einer wechselseitigen Bedingtheit deuten: Ich kann nicht denken, ohne zu sein – ich kann aber auch nicht sein, ohne zu denken.[113]

Mit der Seinsgewissheit im Denken glaubt Descartes zugleich das Sein eines Denkenden und dieses als immaterielle Substanz (d.i. als res cogitans) gefunden zu haben.[114] Lässt sich nun aus der Feststellung »Ich bin, ich existiere« eine weitere Wahrheit ableiten? Die Frage drängt sich auf, nachdem Descartes angekündigt hat, nach der Methode »more geometrico« verfahren zu wollen. Wenn ich eingesehen habe, dass ich existiere, stellt sich die Frage, was ich bin. Die Antwort darauf steht unter dem Vorbehalt des methodischen Zweifels. Bin ich mir nur insoweit meines Existierens gewiss, als ich denke, dann kann als Resultat nur feststehen: Ich bin nur, solange ich denke. Descartes hält also als zweite notwendige Wahrheit fest: Ich bin nur ein denkendes Wesen[115], d.h. ein Wesen, das zweifelt, einsieht, bejaht, verneint, will oder nicht will, das sich etwas bildlich vorstellt und empfindet. Alle körperlichen Momente meines Daseins können nicht mit einer solchen Gewissheit behauptet werden, da ja alles Materielle dem Zweifelsvorbehalt unterliegt. Die Frage, was dieses Ich ist, das von sich sagen kann »Ich denke, ich bin, ich existiere«, wird von Descartes umformuliert: Welche Eigenschaften kann sich dieses seiner selbst gewisse Ich zuschreiben? Die Antwort liegt auf der Hand: nur solche Attribute, die diese Selbstgewissheit nicht destruieren würden.[116]

Descartes schließt die zweite Meditation mit der Feststellung, dass Erkenntnis nichts mit sinnlicher Wahrnehmung zu tun hat, sondern einzig und allein als Einsicht des Verstandes zu begreifen ist. Selbst die materiell gegenständliche Welt werde nicht eigentlich durch die Sinne, sondern allein durch den Verstand erkannt. Seine Metaphysik dient nicht der Entdeckung der Prinzipien, sondern der nachträglichen Bestätigung und Beglaubigung der Methode, die er in den *Regulae* und dem *Discours* entwickelt hat.[117]

Wenn wir Descartes bis hierher zugestehen, dass er zum einen nachgewiesen habe, dass und inwiefern der Mensch zu gesicherten Erkenntnissen gelangen könne, so bleibt doch noch die Frage offen, warum wir in Bezug auf die materiell gegenständliche Wirklichkeit von Erkenntnis bzw. von gültigen Urteilen sprechen können. Nach den bisherigen Überlegungen ist damit noch nicht bewiesen worden, dass unser empirisches Wissen auf einer gesicherten Grundlage steht. Im Grunde muss man gegen Descartes einwenden, dass bis jetzt nicht ersichtlich ist, wie man von seinem ersten Prinzip eine Garantie dafür ableiten könnte, dass wir uns bei den Erkenntnissen der Mathematik nicht täuschen. Umso mehr gilt das für unsere Urteile über empirische Sachverhalte. Mit seiner Zweifelsargumentation stellte er die objektive

Gültigkeit unserer Urteile über die Wirklichkeit, genauer: über die denkunabhängigen Sachverhalte zur Disposition. Woher wissen wir dann noch, dass unser Denken der Wirklichkeit entspricht? Welche Sicherheiten haben wir dafür, dass unsere Vorstellungen keine Wahngebilde oder Täuschungen sind, während die Wirklichkeit ganz anders »aussieht«?

Von der Entsprechung zwischen Denken und Wirklichkeit zu reden ist in gewisser Hinsicht verfänglich. Denn das suggeriert ein Erkenntnismodell, in dem sich auf der einen Seite das Bewusstsein befindet und auf der anderen die »fertige« gegenständliche Welt. In unserem Alltagsverständnis gehen wir durchaus von einem solchen Realismus-Modell aus. Verfänglich sind die angeführten Fragestellungen insofern, als wir dadurch zu der Meinung verleitet werden könnten, wir hätten ein Kriterium dafür, die Entsprechung von Denken und Wirklichkeit zu überprüfen. Zumindest vonseiten Descartes' ist uns ein derartiger Maßstab noch nicht geliefert worden. Er hat zwar schon in den *Regulae* jene Vorstellung, wir könnten die Natur so erkennen, wie sie an sich ist, als vermessen zurückgewiesen. Trotzdem tendieren seine metaphysischen Überlegungen in die Richtung eines Modells der Korrespondenz von Denken und Wirklichkeit. In diesem Zusammenhang muss die besondere Rolle des Solipsismus zur Sprache kommen. Die Pointe des methodischen Zweifels ist, dass ein reflektierendes Subjekt für sich selbst (d.i. solus ipse) einen intellektuellen Akt vollzieht, an dessen Ende es zu einer nicht mehr weiter hinterfragbaren Einsicht gelangt. Die angestrebte Einsicht kann nicht mit einem Beweis, sondern nur im eigenen Vollzug der Reflexion gewonnen werden. Denn jeder Beweis würde seinerseits wieder die Geltung irgendwelcher Beweismittel, irgendwelcher Argumente voraussetzen. Solche Voraussetzungen können aber nicht akzeptiert werden, da ansonsten die als Ziel angestrebte Ebene, auf der alles weitere Erkennen aufbauen soll, nicht erreicht wird. Der Standpunkt des Solipsismus stellt eine unumgängliche (Denk-)Position auf dem Weg der Selbstvergewisserung dar. Der einzelne Reflektierende sichert sich zweifelnd gegen den Irrtum. In dem Umstand, dass eine solche Sicherung überhaupt möglich ist, besteht die erste Gewissheit.

Wir können jetzt den Solipsismus hinsichtlich seiner Funktion besser einschätzen: Das Bewusstsein, nicht immer und überall der Täuschung unterlegen zu sein, kann man nur reflektierend aus seinem eigenen Denkakt einholen. Der Versuch, den Zweifel auf sich selbst anzuwenden, hat als Resultat den Grund einer Gewissheit ergeben. Diese Einsicht der Nicht-Bezweifelbarkeit kann wiederum jeder nur für sich selbst gewinnen. Denn nur in Bezug auf seinen eigenen Denkakt kann jeder Einzelne für sich einsehen, inwiefern hier die Grenze der Bezweifelbarkeit erreicht ist. Als grundsätzliche Frage schließt sich aber an, wie dieses einzelne Erkenntnissubjekt den Zugang zur äußeren Wirklichkeit und zu den anderen Subjekten gewinnen kann. Inwiefern kann die erreichte Gewissheit als Prinzip der Erkenntnis fungieren?[118]

Die angeborenen Ideen

Den thematischen Rahmen für die Annahme angeborener Ideen könnte man als Frage formulieren: Sind unsere Vorstellungen und Gedanken als Abbilder der äußeren Wirklichkeit zu verstehen? In der naiven Auffassung, die Descartes in einem »natürlichen Trieb« begründet sieht, erscheint es uns so, dass wir durch unsere sinnlichen Erfahrungen und Wahrnehmungen die Natur so erfahren, wie sie sich uns zeigt. Der naive Empirismus, den er hier kritisiert, kann insofern eine gewisse Plausibilität für sich beanspruchen, als wir beispielsweise bei der Empfindung von Wärme oder Kälte darauf schließen, dass diese Empfindungen von den Qualitäten der Gegenstände herrühren. Es ist insofern berechtigt, bei solchen Empfindungen von äußerer Erfahrung zu sprechen, als diese nicht willentlich hervorgerufen werden, sondern uns mehr oder weniger »zustoßen«. Diesen Aspekt will Descartes gar nicht in Abrede stellen, wohl aber die Schlussfolgerung daraus, dass unsere sinnlichen Eindrücke, auch wenn sie von solchen von uns unabhängigen äußeren Dingen hervorgerufen werden, diesen ähnlich sein müssten. Die Unhaltbarkeit dieser Schlussfolgerung illustriert er an einem Beispiel. In unserer naiven Wahrnehmung erscheint die Sonne in ihrem Umfang weitaus kleiner als die Erde, die astronomischen Berechnungen belehren uns dagegen eines Besseren. Descartes hätte natürlich auch das Beispiel bringen können, dass die Ausdrücke »Sonnenaufgang« und »Sonnenuntergang« zwar unserer »Alltagserfahrung« entsprechen, in astronomischer Hinsicht aber nicht haltbar sind. Der Gegensatz zwischen der wissenschaftlichen Kenntnis und der naiven Alltagserfahrung lehrt, dass gerade für Letztere die Ähnlichkeitsbehauptung nicht erhoben werden kann.[119] Genauso wenig können solche Empfindungen und Berührungsqualitäten wie Wärme oder Kälte, wie Farben, Töne, Gerüche für ein erkenntnistheoretisches Gütesiegel der Ähnlichkeit angeführt werden. In Descartes' Aussagen sind diese zum einen recht dunkel und verworren und zum anderen hinsichtlich ihrer Wahrheit recht ungewiss.[120] Diese Überlegungen kann man als Descartes' Absage an den (naiven) Empirismus verstehen. Er setzt dem die Auffassung entgegen, dass wir unterschiedliche Ideen bzw. Vorstellungen haben: solche, die uns angeboren sind, andere, die wir erst (durch Erfahrung) erworben haben, und schließlich solche, die wir selbst gemacht haben. Unser Verständnis von dem, was ein Ding ist, was Wahrheit oder was Bewusstsein ist, haben wir aus unserer eigenen Natur, während die Wahrnehmung eines Geräusches, der Wärme eines Feuers eindeutig durch Erfahrung erworbene Vorstellungen sind.[121]

In den *Meditationes* nimmt Descartes eine Einteilung der Ideen in Bezug auf den Ursprung vor. Er unterscheidet die eingeborenen Ideen von den von außen erworbenen und den selbst gemachten.[122] Der besondere Status der angeborenen Ideen kann nicht durch ihren »Ursprungsort« erklärt werden[123], sondern muss in einem anderen Grund zu suchen sein.[124]

Für die Grundlegung der angeborenen Ideen greift Descartes auf einen Grundsatz der traditionellen Metaphysik zurück. Der Grundsatz »causa aequat effectum« besagt, dass in einer zureichenden Ursache mindestens ebenso viel Sachgehalt (realitas) liegen muss wie in ihrer Wirkung. Entsprechend kann in der Wirkung nichts vorkommen, was nicht zuvor in der Ursache als Kraft angenommen wurde. Man kann nur insofern von einer zureichenden Ursache sprechen, als der Sachgehalt der Ursache den Sachgehalt der Wirkung bestimmt.[125] Das bedeutet, dass kein Sachgehalt aus dem Nichts kommen kann und dass verursachender und verursachter Sachgehalt gleichen Umfang haben müssen. Es kann nicht etwas »Gehaltvolleres« aus wenig »Gehaltvollem« entstehen – diese Bemerkung wird für Descartes' Gottesbeweis von zentraler Bedeutung werden. In welchem Zusammenhang aber steht dieser metaphysische Grundsatz, der verkürzt auch als Kausalitätsprinzip bezeichnet werden kann, mit Descartes' Ideenlehre?

Diese Lehre des gleichen Sachgehalts gilt für reale Ursache-Wirkungs-Beziehungen, wie wir sie aus der alltäglichen Erfahrung auch kennen: Die Sonne erwärmt den Stein. In diesem Fall ist der Sachgehalt wirklich oder gegenständlich.[126] – Das Übertragungsmodell gilt auch für die Vorstellung. Allerdings kommt der Sachgehalt in der Vorstellung nicht wirklich vor, sondern nur als »Bedeutung« (der Vorstellung). So kann die Vorstellung der Wärme nur dann in mir sein, »wenn sie in mir von einer Ursache gesetzt wurde, die wenigstens so viel Sachgehalt besitzt, wie ich ihn mir in der Wärme [...] vorstelle«[127]. Dass also eine Vorstellung gerade diesen Sachgehalt als Bedeutung besitzt, verdankt sie einer Ursache, die mindestens ebenso viel Sachgehalt besitzt, wie sie selbst an Bedeutungsgehalt umfasst.

Descartes breitet dieses Modell in einer Weise aus[128], die sich nicht ohne weiteres mit seinen früheren Mahnungen, die Reichweite der Erkenntnis nicht zu überspannen, zur Deckung bringen lässt, so wenn er davon spricht, der Gegenstandscharakter komme den Ursachen der ersten und vorzüglichsten Vorstellungen ihrer Natur nach zu. Die Vorstellungen wären auf eine erste zurückzuführen, die gleichsam das Urbild darstellt, »das den ganzen Sachgehalt in gegenständlicher Form besitzt, der in der Vorstellung nur als ihre Bedeutung vorhanden ist«. Diese Annahmen münden in eine Art Repräsentationsmodell ein, für das er im Grunde keinen plausiblen Beleg anzugeben weiß. Er behauptet, die Vorstellungen wären in mir gleichsam Bilder, die freilich hinter der Vollkommenheit der Dinge zurückbleiben (können), denen sie entlehnt sind. Eine solche Urbildtheorie muss aufgrund der bisherigen Ausführungen seltsam anmuten, zumal sie mehr Fragen aufwirft als beantwortet.

Nachdem das zugrunde liegende Erklärungskonstrukt aufgezeigt wurde, kann jetzt die Frage gestellt werden, welche Ideen als angeboren einzuschätzen sind. Betrachte ich die mir geläufigen Vorstellungen, so zeigt es sich, dass ein großer Teil von ihnen aus mir selbst stammen könnte, allen voran jene Vorstellungen, »die mir mein eigenes Ich vergegenwärtigt«. Descartes führt in diesem Zusammenhang sein Substanzenmodell an, das sich auf Gott, die »res cogitans« und die »res extensa« als die drei grundlegenden Substanzen beschränkt. Diejenigen Vorstellungen, die körperliche und unbeseelte Dinge darstellen, können »aus mir selbst« kommen, so viel wissen wir aus den ersten beiden Meditationen. Betrachten wir die Vorstellungen körperlicher Dinge eingehender, stoßen wir auf jene Formbestimmungen, die er uns in den *Regulae* als einfache Naturen vorgestellt hat: Größe oder Ausdehnung, Gestalt (als Begrenzung der Ausdehnung), räumliche Anordnung der Körper zueinander, Bewegung oder Veränderung, ebenso Dauer, Zahl und Substanz. Diese Formbestimmungen sind mir – nach Descartes – klar und deutlich gegeben, während alle übrigen wie Licht, Farbe, Töne, Geschmack, Wärme, Kälte und sonstige Berührungsqualitäten nur verworren gegeben sind.[129] An allen Bestimmungen, die wir aufgrund von Wahrnehmungen oder Sinneseindrücken haben, bleibt immer das Moment des Vagen und Ungewissen haften.[130]

Bereits in der zeitgenössischen Auseinandersetzung wurde schon heftig darüber gestritten, mit welcher Berechtigung Descartes von angeborenen Ideen sprechen kann. Gassendi wie Mersenne bezweifelten deren besonderen Status mit dem Argument, dass diese scheinbar angeborenen Ideen von außen gegeben seien. So sei der Begriff des Dinges aus der sinnlichen Wahrnehmung abstrahiert und die Idee Gottes bzw. die Idee der Vollkommenheit aus der Tradition und der Sprache übernommen. Solche Einwände sind nicht ganz von der Hand zu weisen, zumal sich Descartes selbst nie um eine ausführliche Klärung bemüht hat. Auch wir haben uns bei der Darstellung seiner Überlegungen seines Kunstkniffs bedient, entsprechende Beispiele einzelner angeborener Ideen anzuführen. Fügt man die gleichsam beiläufigen Bemerkungen, mit denen er die Erörterung dieser Ideen versieht, zusammen, lassen sich eindeutigere Konturen ausmachen: Als eingeboren wird der Bereich dessen verstanden, was der reinen Erkenntnis zugänglich ist. Durch eine Analyse meines Bewusstseins können diejenigen Begriffe und Ideen ermittelt werden, die als die Bedingungen der Möglichkeit meines Denkens anzusehen sind.[131] Insofern kann Descartes von immanenter Notwendigkeit sprechen. Er gewinnt diese Begriffe und Ideen dadurch, dass er sie als Bedingungen der Möglichkeit schon erwiesener Tatbestände identifiziert.[132] In der Descartes-Rezeption wird weiterhin der Streit ausgetragen, ob die »ideae innatae« nur als eingeborene Prinzipien des Intellekts zu begreifen sind oder ob sie Einsichten in das Wesen der Wirklichkeit auszudrücken vermögen.[133] Wir werden noch ausführlicher darauf eingehen.

Der Gottesbeweis und seine Funktion für die Erkenntnisbegründung

Die dritte Meditation resümiert zunächst das Ergebnis der vorangehenden Überlegungen: Die in der ersten Erkenntnis enthaltene Behauptung ist durch eine »gewisse klare und deutliche Einsicht« begründet. Descartes verknüpft mit dieser Feststellung die allgemeine Regel, dass alles das wahr ist, was ich ganz klar und deutlich einsehe. Der Satz »cogito sum« ist von dieser Qualität. Aber, so fügt er hinzu, wir hatten auch schon (vermeintliche) Einsichten, für die wir ebenfalls Klarheit und Deutlichkeit behaupteten, ohne dass das der Fall war. Beispielsweise waren wir überzeugt, dass es gewisse Dinge außer uns gebe, von denen unsere Vorstellungen herrühren und denen unsere Vorstellungen vollkommen ähnlich seien. Diese Annahme hielten wir irrtümlicherweise für eine klare und deutliche Einsicht. Einen ähnlichen Einwand hat Descartes auch schon im Zusammenhang mit der fiktiven Annahme eines trügerischen Gottes in Bezug auf die »arithmetischen und geometrischen Dinge« vorgebracht. Zumindest denkbar wäre es, dass wir auch in diesen Dingen nur vermeintliche Einsichten haben. Für die Überzeugung von der Wahrheit einer Sache ist es offensichtlich nicht hinreichend zu meinen, wir hätten eine klare und deutliche Einsicht. Wir haben bei der Erörterung der angeborenen Ideen zur Kenntnis genommen, dass bei ihnen das Moment der Täuschungsmöglichkeit durch die Sinne entfällt. Es bleibt also nur noch zu klären, ob es einen trügerischen Gott gibt bzw. geben kann, der unsere klaren und deutlichen Einsichten völlig in die Irre gehen lässt.

Die Beantwortung dieser Frage tritt Descartes mit dem bereits erwähnten metaphysischen Prinzip an. Er zeigt zunächst auf, dass wir die Vorstellung von Vollkommenheit besitzen. Allein in unserem Zweifel drückt sich diese schon implizit aus: Welchen Sinn sollte der Zweifel haben, wenn sich nicht dahinter die Vorstellung von etwas Zweifelsfreiem verbergen würde? Der Zweifel bringt einen möglichen oder denkbaren Mangel zur Sprache, das Gegenteil von Mangel kommt im Begriff »Vollkommenheit« zum Ausdruck. Kann die Vorstellung der Vollkommenheit aus mir selbst stammen? Nach dem oben angeführten Prinzip kann der Bedeutungsgehalt »Vollkommenheit« nur von etwas herrühren, was den entsprechenden Sachgehalt aufweist. Da der Mensch aber nicht als vollkommen gedacht wird, kann auch der Bedeutungsgehalt »Vollkommenheit« nicht aus ihm entspringen. Deshalb ist die Annahme der Existenz eines vollkommeneren Wesens, als der Mensch es ist, notwendig. Im Hinblick auf die erkenntnistheoretische Fragestellung hat das zur Konsequenz, dass durch die Existenz eines vollkommenen Wesens gleichzeitig die Wahrhaftigkeit Gottes (veracitas Dei) als Garant für die Richtigkeit unserer Denkinhalte mitgemeint ist.

Descartes verbindet mit diesen Überlegungen die weiterführende Frage, ob ich selbst, der ich diese Vorstellung habe, existieren könnte, wenn kein solches Wesen existierte. Man weiß nicht, ob Descartes den Leser mit dieser Frage zu dem Umkehrschluss motivieren will: Da ich bin und diese Vorstellung der Vollkommenheit besitze, muss auch dieses vollkommene Wesen existieren, das in mir die Vorstellung der Vollkommenheit hervorgerufen hat. Da der Begriff der Vollkommenheit sich nicht mit der Vorstellung des Betrugs oder der Täuschung verträgt, ist auch bewiesen, dass dieser angenommene Gott kein trügerischer Geist sein kann. Denn

Trug und Täuschung beruhen auf irgendeiner Schwäche, was mit dem Begriff der Vollkommenheit unvereinbar ist.

Entscheidend für Descartes' Argumentation ist es, dass man die Annahme des metaphysischen Prinzips »causa aequat effectum« mitträgt und die Vorstellung der Vollkommenheit nicht für eine verworrene Idee hält. Man könnte Descartes allerdings mit dem Einwand konfrontieren, dass man mit dem Zweifel nicht notgedrungen den Begriff der Vollkommenheit verbinden müsse, man könne es auch bei einer radikalen Skepsis bezüglich der Erkenntnis belassen. Damit entfiele in gleicher Weise die Annahme eines nichttrügerischen Gottes. Ist damit aber nun bewiesen, dass meine Einsichten beispielsweise im Bereich der Mathematik sichergestellt sind? Denn die wurden ja in Bezug auf den trügerischen Geist zur Disposition gestellt. Bisher wurde nur aufgezeigt, inwiefern die Annahme eines trügerischen Gottes nicht haltbar ist. In der positiven Formulierung des Beweises wird der gesuchte Garant der Wahrheit deutlich: Wir dürfen von der »veracitas Dei« als einer Basis für unsere eigenen Denkbemühungen ausgehen. Gott kann die Welt nicht so eingerichtet haben, dass wir uns unentwegt täuschen. Von daher bietet es sich an, den Gottesbeweis als einen indirekten Beweis für unsere vermeintlich sicheren Einsichten aufzufassen. Die Einsicht in einen Sachverhalt obliegt nach wie vor dem menschlichen Verstand. Die hypothetische Annahme, er könne sich auch darin grundsätzlich täuschen, wäre nur plausibel, wenn man einen täuschenden Geist annähme. Dass eine solche Annahme sich als nicht tragfähig erweist, glaubt Descartes gezeigt zu haben und damit folglich auch, dass unsere sicheren Einsichten keine Täuschungen sind.

Erwähnenswert ist, dass Descartes diesem Beweisgang noch einen anderen hinzufügt: Aus der Vorstellung der Vollkommenheit resultiere nicht allein, dass sie von Gott hervorgerufen wurde und dass von daher die Existenz Gottes unter Beweis gestellt sei, sondern auch, dass damit meine Existenz als denkendes Wesen bewiesen sei. Dieser Zusatz mutet insofern merkwürdig an, als er in den vorangehenden Meditationen ja schon die Zweifelsfreiheit meiner Existenz als denkendes Wesen aufgezeigt hat. Zumindest an dieser Stelle kann man sich des Eindrucks nicht erwehren, dass Descartes einen Scheinbeweis vorführt, dem innerhalb seiner bisherigen Argumentation kein rechter Stellenwert eingeräumt werden kann. Vielleicht ist es nicht zuletzt eine solche Stelle, die manche seiner Kritiker, allen voran Leibniz, als Taschenspielertrick abqualifizierten. Denn dem Leser muss es sonderbar erscheinen, dass hier nochmals etwas bewiesen werden soll, was keines Beweises mehr bedürfe. Wollte Descartes damit nur jeder Kritik seitens der kirchlichen Orthodoxie den Wind aus den Segeln nehmen? Oder wollte er damit zeigen, dass das Resultat des methodischen Zweifels deckungsgleich ist mit einem Teilresultat des Gottesbeweises? Er hätte damit demonstriert, dass der aus eigener Einsicht gewonnene grundlegende Satz »Ich denke, ich bin« seine Berechtigung hat, da meine Existenz als denkendes Wesen auch aus dem Existenzbeweis Gottes abgeleitet werden kann. Man mag darüber streiten, ob man daraus ableiten kann, dass damit auch die Sicherheit unserer Einsicht bekräftigt würde.

Bei näherer Betrachtung zeigt es sich allerdings, dass die beiden Beweise nicht mit demselben Gewissheitskriterium arbeiten. Im »cogito ergo sum« kommt eine subjektive Gewissheit zum Ausdruck, während der Beweisgang von dem vollkommenen Wesen her eine objektive Gewissheit behauptet. Wenn diesem Unterschied in der Gewissheit ein systematischer Stellenwert zukommt, ließe sich ein sinnvoller Zusammenhang beider Beweise herstellen: Durch den Gottesbeweis wäre dann objektiv sichergestellt, was zunächst nur eine subjektive, psychologische Gewissheit war. – Dieser Gedankengang wird nochmals eine

Rolle spielen, wenn wir den Vorwurf der zirkelhaften Argumentation der Gottesbeweise näher betrachten.

In der fünften Meditation setzt Descartes zu einem etwas anders gearteten Beweis Gottes an. Dabei bemüht er die »Natur des Denkens«, um zu einem Beweisgrund für das Dasein Gottes zu gelangen. Zunächst stellt er die Vorstellung des höchst vollkommenen Wesens gleichrangig neben solche Vorstellungen, wie wir sie in der Geometrie haben. Ich finde in mir unzählige Vorstellungen von Dingen, denen wir keine empirische Realität zusprechen wie materiellen Gegenständen. Gleichwohl sind diese Vorstellungen nicht beliebige Fantasiegebilde, da wir diesen Vorstellungen eine unveränderliche Wesenheit oder Form zuschreiben. Er demonstriert das an geometrischen Gebilden: Beispielsweise kann ich mir bestimmte Eigenschaften des Dreiecks einsichtig machen, »die alle sicherlich wahr sind, da sie ja von mir klar erkannt werden«[134]. Das Beispiel zeigt gleichzeitig Descartes' grundlegende Annahme in Bezug auf klare und deutliche Erkenntnisse auf: Wenn ich die Vorstellung einer Sache meinem Denken entnehmen kann, dann folgt daraus, dass alles, was ich klar und deutlich als zur Sache gehörig erfasse, dieser tatsächlich auch zugehört. Aufgrund dieser Erkenntnisvoraussetzung kann Descartes seine Argumentation weiterführen: Ich finde in mir die Vorstellung Gottes, wie ich auch die Vorstellung einer beliebigen Figur oder Zahl habe. Entsprechend kann ich einsehen, dass mit dem Begriff der Vollkommenheit auch notwendig das Dasein mitgedacht werden muss. Da ich dies klar und deutlich erkenne, muss das Dasein auch der »Sache selbst«, sprich Gott, zukommen. Damit wäre der ontologische Beweis erbracht, dass Gott tatsächlich existiert bzw. existieren muss. War dieser Beweis denn nicht schon in der dritten Meditation erbracht? Möglicherweise nicht, denn deren Argumentation kann man so lesen, dass darin nur gedanklich einsichtig gemacht wurde, inwiefern die Vorstellung der Vollkommenheit einer entsprechend sachhaltigen Ursache bedarf. Insofern handelte es sich nur um eine gedankliche Setzung dieser Ursache, ohne dass zugleich bewiesen worden wäre, dass diese notwendig zu denkende Ursache auch notwendig existiert.

Aufgrund der »veracitas Dei« habe ich also die Gewähr, dass meine angeborenen Ideen nicht falsch sind. Ich bin zur Annahme berechtigt, dass die in den Ideen erfassten Beziehungen auch ihre Gültigkeit für die denkunabhängige Wirklichkeit haben. Ich kann weiterhin davon ausgehen, dass alles, was ich klar und deutlich erkenne, dieser Sache selbst zukommen muss, d.h., als objektiv gültig anzusehen ist. Was durch den methodischen Zweifel an objektiver Geltung selbst unserer klaren und deutlichen Einsichten infrage gestellt wurde, wird nach diesem Beweis wieder in Geltung gesetzt. Wenn Gott kein Betrüger ist und als vollkommenes Wesen existiert, dann ist auch sichergestellt, dass unsere klaren und deutlichen Einsichten wahr sind und dass wir zur Erkenntnis der Wirklichkeit fähig sind. Gott garantiert einerseits, dass die körperlichen Dinge existieren, und andererseits, dass unsere angeborenen Ideen auf die äußere Wirklichkeit anwendbar sind. Descartes drückt das so aus: »all das ist [in den körperlichen Dingen] vorhanden, was ich klar und deutlich denke, d.h. alles das, ganz allgemein betrachtet, was zum Inbegriffe eines Gegenstandes der reinen Mathematik gehört«[135]. Den Gottesbeweisen kommt die Aufgabe zu, die »Wahrheitsfähigkeit« des Menschen zu gewährleisten. Aufgrund des Gottesbeweises soll einsichtig werden, dass die menschliche »Natur« (d.i. das Denken) grundsätzlich so geschaffen ist, dass sie zu wahrer Erkenntnis fähig ist.

Wenn aber erst durch den zweiten Beweis eine Garantie für die Richtigkeit unserer klaren und deutlichen Einsichten erbracht ist, scheint sich die Argumentation in einem Zirkel zu bewegen. Denn die Argumentation im zweiten Beweis setzt immer schon die Richtigkeit unserer Ideen und klaren Einsichten voraus, deren Gültigkeit sie erst unter Beweis stellen soll. Das bedeutet, um die Existenz Gottes beweisen zu können, muss die Gültigkeit unserer klaren Einsichten schon unterstellt werden, obwohl erst mit dem Beweis der Existenz Gottes der Nachweis ihrer Gültigkeit erbracht ist. Der Circulus vitiosus besteht darin, dass beide Gottesbeweise die objektive Gültigkeit der verwendeten Prinzipien bereits voraussetzen[136]: sowohl das metaphysische Prinzip »causa aequat effectum« wie die Idee der Vollkommenheit bzw. eines vollkommenen Wesens als auch der Grundsatz »Alles, was ich klar und deutlich als zur Sache gehörig erfasse, gehört auch wirklich zu ihr«. Wir stehen also vor der Situation, dass einerseits der erste Beweis (der dritten Meditation) eine Vervollständigung durch den Beweis der tatsächlichen Existenz erfordert, damit seine Einsichten objektive Gültigkeit beanspruchen können, dass aber andererseits der zweite Beweis (der fünften Meditation) auf einem Grundsatz beruht, der im ersten Beweis als Einsicht formuliert wurde. Beide Beweise bedingen sich gegenseitig. Sind Möglichkeiten denkbar, wie man dieser zirkelhaften Argumentation entgehen kann? In der Descartes-Forschung wurden diesbezüglich verschiedene Rekonstruktionsbemühungen angestellt.

Nach Ansicht der einen[137] bedarf es gar nicht der göttlichen Wahrhaftigkeit, um aktual-evidente Einsichten als verbindlich auszuweisen. Denn allein unter der Voraussetzung, dass der Mensch solche gültigen Einsichten haben kann, kann er sich überhaupt der Existenz Gottes versichern. Welche Wahrheit sollte aber dann durch den Gottesbeweis gesichert werden? Es könnte sich nach dieser Ansicht nur um jene Evidenzen drehen, die nicht aktuell, sondern in der Vergangenheit erreicht wurden. »Daß man die Verbindlichkeit evidenter Einsicht anerkenne, verlangt also nicht mehr, als daß man sie in ihrer Aktualität erfahre; die Bürgschaft des wahrhaften Gottes wird allein dadurch erforderlich, daß aktuale Evidenz kein dauernder Besitz ist.«[138] Nach dieser Auffassung wird also der Zirkelvorwurf gegen Descartes zu Unrecht erhoben. Denn es wäre für Descartes eine gesicherte Erfahrung, dass es eine Evidenz gibt, die keinerlei Rechtsfragen der Erkenntnis übrig lässt. Infrage hätte deshalb nur gestanden, ob der menschliche Intellekt unter der Bedingung seiner zeitlichen Existenz zu Erkenntnis fähig ist. In der Konsequenz dieser Deutung kann man für die cartesianische Erkenntnisbegründung in Anspruch nehmen, er habe die selbstständige Legitimität menschlicher Erkenntnisbemühung und -begründung aufgezeigt. Auch wenn er in seinem metaphysischen Begründungsversuch auf Gott Bezug nehme, habe die cartesianische Erkenntnisbegründung de facto bereits den Schritt gegen Gott (als Erkenntnishilfe) vollzogen.

Es bietet sich aber auch eine andere Lösungsmöglichkeit an[139]: Dazu müssten wir zwischen zweierlei Arten von Gewissheit unterscheiden, zwischen einer Seinsgewissheit und einer Beziehungsgewissheit. Wenn es uns etwa um die Klärung geometrischer Erkenntnisse wie der Aussage »Die Winkelsumme des Dreiecks beträgt 180 Grad« geht, dann steht die Gewissheit von Sachfragen (»quid est?«) an. Am Beispiel der Gewissheit des »Ich denke, ich bin« wurde ersichtlich, dass es sich in diesem Fall um eine Daseinsgewissheit (»quod est?«) handelt. Entsprechend müsste auch die Aussage »Gott existiert« als Seinsgewissheit formuliert werden können, denn dann stünde diese Aussage nicht in einem deduktiven Zusammenhang mit anderen Grundsätzen und der Zirkel wäre behoben. Diese Konzeption erweist sich allerdings nur unter folgender Annahme als tragfähig: Man muss die Gewissheit des Seins im »cogito« als Ausdruck einer noch fundamentaleren Gewissheit, der Idee der Wirklichkeit schlechthin, interpretieren. Sowohl die Gewissheit des »Ich denke, ich bin« wie der Existenz Gottes wären dann als Ausdruck dieser grundlegenderen Gewissheit zu verstehen.

Nachdem wir zur Kenntnis genommen haben, inwiefern der Mensch zur Erkenntnis fähig ist, bleibt letztlich nur noch die Frage: Wie kommt es, dass wir überhaupt noch Irrtümer begehen?[140] Descartes ergänzt seine Argumentation zum Gottesbeweis durch eine weiterführende Annahme, wenn er schreibt: »Sodann entdecke ich in mir eine gewisse Urteilsfähigkeit, die ich sicherlich, wie auch alles übrige in mir, von Gott empfangen habe und die, da er mich nicht täuschen will, gewiß nicht so sein wird, daß ich jemals irren könnte, solange ich sie nur recht gebrauche.«[141] Der letzte Teilsatz gibt bereits die Richtung der Antwort an. In welchen Fällen machen wir von unserer Fähigkeit zur Einsicht keinen richtigen Gebrauch? Die Möglichkeit zu Irrtümern ist dadurch gegeben, dass wir die Fähigkeit besitzen, gewissen Dingen zuzustimmen oder nicht zuzustimmen. – Descartes bezeichnet diese Fähigkeit als Wille bzw. als freie Entscheidung.[142] – Das gilt besonders für die Situationen, in denen ich etwas nicht klar und deutlich erfasse. Dann erscheint es angezeigt, sich des Urteils zu enthalten, statt unklare Vorstellungen als Wahrheit auszugeben. Irrtümer entstehen dadurch, dass die Freiheit der Zustimmung sich nicht auf jene Fälle beschränkt, wo klare und deutliche Erkenntnis vorliegt, bzw. dadurch, dass der Wille sich auch in Dingen »betätigt«, die jenseits der Grenzen des Verstandes liegen und von denen der Mensch nichts versteht.

3. Streitpunkt: Der Stellenwert der Ideen

Erste Skepsis gegen Descartes' Annahme der angeborenen Ideen wurde wach, als man bemerkte, dass er im Laufe seiner Argumentation all die Begriffe als angeborene Ideen deklarierte, die für den Bereich der Erkenntnis relevant sind. Nicht zufällig sind das genau jene Begriffe, die in der Geometrie oder in der Physik bereits in Geltung sind. All das, was er in den *Meditationes* zu beweisen sucht, wäre dann durch die angeborenen Ideen bereits abgesichert: Das »cogito sum« wäre durch die mir eingeborene Idee meiner selbst gesichert, der Gottesbeweis durch die eingeborene Idee Gottes usw.

Vor allem Hobbes und Gassendi halten eine solche Annahme für ungerechtfertigt. Gassendi ist der Auffassung, dass alle Ideen von außen gekommen sind oder von Dingen auszugehen scheinen, die außerhalb des Geistes selbst existieren. Alle Ideen entstehen sonach durch eine Einwirkung äußerer Dinge auf die Seele. Denn erst durch die Einwirkungen der körperlichen Dinge auf die Sinnesorgane des Menschen erfährt der Mensch sich selbst, erst in Bezug auf diese Wahrnehmungsinhalte erkennt das erkennende Subjekt sich selbst als denkend bzw. als ein Wesen, das Wahrnehmungen und Sinneseindrücke hat. Auch Hobbes hält Descartes entgegen, dass als Ideen nur die Bilder der materiellen Dinge, wie sie sich in der körperlichen Einbildungskraft zeigen, gelten können. Die Idee der Substanz kann nicht auf diese Weise vorgestellt werden, sie kann dann bestenfalls erschlossen werden als die »Materie«, die den Akzidenzien und den Veränderungen zugrunde liegt.[143]

Die Frage nach dem Stellenwert der angeborenen Ideen hat mit der Frage nach der Priorität von Verstand oder sinnlicher Wahrnehmung und damit auch mit dem Gegensatz von Rationalismus und Empirismus zu tun. In der Beantwortung dieser Fragen unterscheiden sich die erkenntnistheoretischen Positionen, die man in der Tradition der Philosophie als Rationalismus oder Empirismus zu klassifizieren pflegt.[144] Den Gegensatz beider kann man am besten hinsichtlich ihrer Einschätzung und Bestimmung der angeborenen Ideen diskutieren. Zur Grundlage kann man die gängige Skepsis gegenüber unserer Wahrnehmung nehmen: Häufig genug wird deren unsichere Basis mit dem Hinweis auf die zahlreichen Täuschungsmöglichkeiten begründet. Auch ein Zeitgenosse Descartes', Francis Bacon, bezieht in der Weise Stellung. Das mag nur als Hinweis genommen werden, dass derlei Überlegungen für die Zeit Descartes' durchaus zum allgemeinen Problembewusstsein zu rechnen sind. Bei Bacon heißt es, dass die Sinne den Menschen in doppelter Hinsicht über die wahre Natur der Dinge im Unklaren lassen. Zum einen lassen sie den Menschen aufgrund ihrer mangelnden Schärfe im Stich: Nicht allein wegen der Entfernung des Ortes oder der Langsamkeit bzw. Schnelligkeit der Bewegung eines Körpers erscheinen sie defizitär, sondern auch wegen der Feinheit des Körpers oder der Kleinheit der Teile.[145] Der Autorität der Sinne darf der Mensch also nicht blindlings vertrauen; sie sind nicht als unerschütterliches Fundament anzusehen, weil ihnen die Irrtumsmöglichkeit gleichsam inhärent ist. Welche Richtlinien benennt Bacon für eine Grundlegung des Wissens (im 2. Buch des *Organon*)? Wenn er von einer »geordneten und wohlüberlegten Erfahrung« spricht, dann ist zum einen seine Vorstellung von einer rechtmäßigen Induktion[146] gemeint. Bacon belässt es nicht bei der Darstellung, wie man von Einzelaussagen zu allgemeinen Aussagen gelangen könne. Vielmehr verbindet er mit dem Weg der Induktion auch die Möglichkeit, vom Beobachtbaren zu Unbeobachtbarem, vom Äußeren der Dinge zu deren Innerem, von der sinnlichen Erscheinung zu ihrer Wirklichkeit zu gelangen.[147] Für unseren Zusammenhang ist von besonderem Interesse, wie er sich die Auflösung dieses genannten Gegensatzes zwischen der äußeren Erscheinung und der Wirklichkeit der Dinge vorstellt. Im Hinblick auf Descartes erscheinen Bacons diesbezügliche Annahmen besonders aufschlussreich: 1. Der Körper ist aufzufassen als eine »Gruppe oder eine Verbindung einfacher Eigenschaften« (z.B. für Gold die Eigenschaften gelb, formbar, festes Eigengewicht). 2. Diesen beobachtbaren Eigenschaften liegen Formen in den Dingen zugrunde, die nicht unmittelbar beobachtbar sind. Diese Formen der einfachen Eigenschaften bezeichnet Bacon als ihr »wahres Wesen«, ihre »wirkende Natur«, ihren »Entstehungsgrund«[148]. Dabei geht er von der (empirisch nicht begründbaren) Annahme aus, dass Eigenschaft und Form einander eindeutig zugeordnet sind. 3. Eine Nähe zu Descartes macht sich in der dritten Annahme bemerkbar: Die Zahl der Formen oder einfachen Naturen, aus denen alle Dinge zusammengesetzt sind, ist begrenzt und überschaubar.[149] Eine solche Annahme ist nur aufgrund der Anleihe bei den griechischen Philosophen Demokrit und Epikur erklärbar. Deren Gedankengut entsprechend, ist bei Bacon die Form in der korpuskularen Struktur der Materie begründet, d.h. in der Bewegung der kleinen und selbst unbeobachtbaren Teile der Materie. Demnach kann er die Form als die »reine und gesetzmäßig hervorgebrachte Aktivität der einzelnen Körper« bestimmen.[150] Das Ziel der Wissenschaft ist es schließlich, diese verborgenen Formen der Eigenschaften der Dinge zu entdecken. Bei seiner Bestimmung, dass die Formen das wahre Objekt der Wissenschaft darstellen, greift Bacon offensichtlich auf Vorstellungen aus der Tradition der Philosophie zurück: auf Platos Ideenlehre oder Aristoteles' »causa formalis«. Im Hinblick auf den Stellenwert der angeborenen Ideen bei Descartes ist von besonderem Interesse, dass der Empirist Bacon in den elementaren Formen ein gleichsam hinter der Erfahrung liegendes »Modell der Wirklichkeit« sieht, auf das hin die Erfahrungen des Menschen erst geordnet werden müssen. Dadurch entsteht eine bedenkenswerte Nähe zwischen Bacon und Descartes, zwischen Empirismus und Rationalismus. Sie zeigt sich in der Gemeinsamkeit der Idee, die Vielfalt der Beobachtungen auf einige wenige Elemente zu beziehen (bzw. zu reduzieren).

In seiner Schrift *Untersuchung über den menschlichen Verstand* hat John Locke die Annahme der angeborenen Ideen einer eingehenden Kritik unterzogen. Zunächst scheint es so, als sei Descartes der Adressat dieser Kritik. An der unterschiedlichen Einschätzung solcher Ideen könnte dann der Gegensatz zwischen dem Rationalismus Descartes' und dem Empirismus von Locke festgemacht werden. Bei näherer Betrachtung erweist sich diese Einschätzung als nicht stichhaltig. Drei Aspekte stellt Locke in seiner Kritik heraus: 1. Die Annahme eingeborener Ideen kann nicht damit plausibel gemacht werden, dass in Bezug auf sie allgemeine Übereinstimmung bestehe. Denn diese könnte genauso gut durch Überlieferung bzw. Tradition bewirkt worden sein. 2. Die in diesen Ideen unterstellte allgemeine Zustimmung (consensus omnium) kann ebenso gut mit dem Hinweis auf die faktischen Meinungsverschiedenheiten bestritten werden. Zentral aber ist sein letzter Einwand: 3. Vielen Menschen sind die angeblich eingeborenen Ideen gar nicht bekannt. Wie kann man dann trotzdem behaupten, bestimmte Wahrheiten seien den Menschen von Geburt an mitgegeben? In diesem letzten Einwand wird deutlich, dass Locke diese Ideen in einem inhaltlichen Sinne versteht, als ob damit der Besitz eines Bildungsgutes gemeint wäre. Andererseits statten Locke zufolge die Operationen des Verstandes diesen mit einer Reihe von Ideen aus, die er durch die Dinge der Außenwelt nicht hätte erlangen können. Indem wir uns der verschiedenen Tätigkeiten unseres eigenen Geistes bewusst werden, gewinnen wir von ihnen so deutliche Ideen wie von Körpern, die auf unsere Sinne einwirken. Er bringt seine Ausführungen dazu schließlich auf den Punkt: Wenn der Geist über seine eigenen Operationen nachdenkt, erwirbt er eine Gruppe von Ideen, die als Ideen der Reflexion ihre Quelle allein im menschlichen Verstand haben. Als Beispiele solcher Ideen führt er an: Wahrnehmen, Denken, Zweifeln, Glauben, Schließen, Erkennen und Wollen. Die Differenz zu Descartes ist an diesem Punkt nicht mehr sichtbar. Dasselbe gilt, wenn Locke von der Idee des Raumes, der Zeit, der Solidität des Gegenstandes spricht.

Leibniz formuliert in seinen *Nouveaux Essais* eine Entgegnung, indem er die entscheidende Differenz hinsichtlich der erkenntnistheoretischen Position deutlich herausstellt: Ist der menschliche Geist mit einer leeren Tafel (tabula rasa) zu vergleichen, auf die erst durch die Sinneseindrücke und die Erfahrung Inhalte geschrieben werden, oder ist es nicht vielmehr so, dass der Geist ursprünglich die Anfangsgründe vieler Begriffe in sich enthält?

Seine Antwort fällt zugunsten der eingeborenen Ideen aus, wobei er gleichzeitig präzisiert, wie man diese zu verstehen habe. Zunächst nennt er sie deshalb eingeboren, weil sie allein vom Verstand erkannt und spontan hervorgebracht werden können. Das heißt nicht, dass sie immer schon bekannt sind, sondern nur, dass man sich ihrer immer schon bedient. Als entscheidendes Charakteristikum der eingeborenen Ideen aber ist anzusehen, dass man in ihnen eine Notwendigkeit erkennt, die nicht von der Erfahrung herrühren kann, sondern einzig durch die Vernunft erkannt werden kann. Als Beispiel dafür führt er den Satz vom Widerspruch als zentralen logischen Grundsatz an.

4. Bewusstsein – Materie – Dualismus: ein cartesisches Paradigma

Descartes' grundsätzliche Trennung in »res cogitans« und »res extensa« mag aufgrund seiner Überlegungen, wie sie bisher immanent dargestellt wurden, durchaus plausibel wirken. Diese als cartesischer Dualismus bezeichnete Aufteilung der Welt in zwei unabhängig voneinander existierende Substanzen hat in der Diskussion zu zahlreichen Auseinandersetzungen geführt. Descartes' Bestimmung dessen, was eine Substanz ausmacht, unterscheidet sich grundlegend von der traditionellen Zuordnung der Akzidenzien zu den Substanzen.[151] Dieser geschichtliche Aspekt kann hier nicht weiter thematisiert werden. Im Vordergrund soll vielmehr die Diskussion über die Folgeprobleme eines solchen Dualismus stehen. Drei Probleme muss man in diesem Zusammenhang benennen:

1. Descartes' Festlegung, dass dem Menschen einzig die Bestimmung als »res cogitans« wesentlich sei, bedeutet gleichzeitig, dass ihm wesentlich nur mentale Prädikate, nicht körperliche Prädikate zugeschrieben werden. Ist diese Zuschreibung angesichts der Phänomenalität des Leibes haltbar?

2. In Abgrenzung zur »res cogitans« legt er die »res extensa« als denjenigen Bereich fest, der einzig einer physikalischen Betrachtung zugänglich sei. Wenn es um empirische Erkenntnisse geht, dann können diese nur aus dem Bereich der Materie stammen. Wird dadurch die physikalische Betrachtung zum Maßstab für jede Form wissenschaftlicher Erklärung? Das würde bedeu-

ten, dass der Mensch nur in der metaphysischen Reflexion den Sonderstatus einer »res cogitans« erhält, dass aber derselbe Mensch, wenn es um die wissenschaftliche Betrachtung und Erklärung bestimmter menschlicher Phänomene geht, nur in den Kategorien physikalischer Theorien thematisierbar ist. Menschliche Phänomene müssten dann auch als mechanistische oder physiologische Phänomene erklärt werden. Diese Frage berührt jene als Reduktionismus bezeichneten Erklärungsstrategien.

3. Trotz seiner Aufteilung in zwei eigenständige Bereiche des Mentalen und des Physischen unterstellt Descartes die Möglichkeit gegenseitiger Verursachung. Dadurch wird erklärungsbedürftig, wie Mentales die Ursache für Physisches und wie Physisches die Ursache für Mentales darstellen kann.

Diese drei Problemfelder, die mit dem Substanzendualismus einhergehen, will ich im Einzelnen behandeln.

Descartes' Weg zum Dualismus

An dieser Stelle soll es zunächst darum gehen, den Weg zur Feststellung zweier Substanzen, wie ihn Descartes beschritten hat, genauer zu untersuchen. Im Anschluss daran sollen dann verschiedene mit dem Leib-Seele-Dualismus einhergehende Probleme diskutiert werden. Die Zweifelsargumentation in den *Meditationes* hat uns gezeigt, dass in den skeptischen Zweifel auch die Existenz des eigenen Körpers miteinzubeziehen ist. Einzig mein Wissen darüber, dass ich zweifle, bleibt ausgespart. Insofern kann sich jeder im Zuge seines Zweifelns seiner Existenz als Zweifelnder versichern.

Wie aber kommt Descartes auf die Idee, von der »res cogitans« als einer Substanz zu sprechen? Er gibt ein Beispiel, das zur Illustration für seine Verfahrensweise dient: Das Wachs nimmt unter der Einwirkung von Wärme eine andere Gestalt an, d.h., unter dem Einfluss von Wärme dehnt es sich aus. Dem Wachs ist eine stoffliche Substanz eigen, die sich in verschiedenen Formen und Gestalten zeigen kann. Übertragen auf das Bewusstsein bedeutet dies, dass sich die Inhalte des Bewusstseins ständig verändern. Wie aber lässt sich das in die metaphysische Bestimmung, dass keine Substanz ohne Attribut sein könne, einordnen? Was ist das beharrende Moment gegenüber dem Wandel der Bewusstseinsinhalte? Die Antwort liegt in der Feststellung, dass das Bewusstsein das Attribut einer geistigen Substanz sei. Die Substanz wird von ihrem Attribut her erschlossen. Der Geist ist dasjenige, was dem Denken und den Denkinhalten (den Gedanken) zugrunde liegt (d.i. das subiectum). Das Bewusstsein seinerseits kann als das bestimmende Merkmal des Geistes angesehen werden. Descartes bietet dazu den Vergleich auf: Wie der Körper nicht ohne Ausdehnung ist, so ist der Geist nicht ohne Bewusstsein. Damit ist zunächst nur gezeigt, wie Descartes das Bewusstsein in das Substanz-Akzidenz-Schema der philosophischen Tradition einpassen kann. Seine These von der geistigen Substanz geht aber einen entscheidenden Schritt weiter, wenn in ihr der Dualismus zwischen geistiger und materieller Substanz behauptet wird.[152]

Für die grundlegende These des Dualismus muss man sich seine Argumentation in der sechsten Meditation vergegenwärtigen. Wenn ich einen Gegenstand vollständig, klar und deutlich erkenne, dann habe ich auch all jene Eigenschaften erkannt, die zu den wesentlichen Merkmalen dieses Gegenstandes zählen. An meinem eigenen Denken kann ich keinen Zweifel hegen, also ist das Denken das entscheidende definierende Merkmal für das, was als geistiges Wesen zu bezeichnen ist. Wenn die materielle Seite des Menschen, sein Körper, wie alle Materie in Zweifel gezogen werden kann[153], die Existenz des Denkens hingegen nicht, dann kann dieses Unbezweifelbare eben nicht Materie sein. Also kann

Denken auch nicht ausgedehnt sein. So haben wir die gegensätzlichen Attribute: Ausgedehntheit und Nicht-Ausgedehntheit. Und wo gegensätzliche Attribute vorliegen, liegen dem auch gegensätzliche Substanzen zugrunde. Demzufolge ist das Bewusstsein das Attribut für eine unausgedehnte bzw. immaterielle Substanz. Da ich mir nur bezüglich des Denkens die Sicherheit verschaffen kann, nicht aber bezüglich der Existenz meines Körpers, gehört die räumliche Ausdehnung bzw. die Körperlichkeit nicht zu meinen (und für den Menschen allgemein geltenden) wesentlichen Eigenschaften. Weil jedoch die räumliche Ausdehnung ein wesentliches Merkmal eines Körpers ist, bin ich als »res cogitans« von meinem Körper verschieden.

Die Kette von Folgerungsschritten bezüglich der wesentlichen Bestimmungen des Menschen sieht bei Descartes folgendermaßen aus: 1. Alles, was nicht bezweifelt werden kann, stellt eine wesentliche Bestimmung dar. Wenn ich mein Denken nicht bezweifeln kann, dann gehört es zu meiner wesentlichen Bestimmung, ein denkendes Wesen zu sein. 2. Wenn mein Körpersein bezweifelt werden kann, dann gehört die Körperlichkeit nicht zu meiner wesentlichen Bestimmung.

Diese angenommene Nicht-Identität von mir und meinem Körper und damit die folgenreiche Aufspaltung des Menschen beruht auf einem in mehrfacher Hinsicht nicht korrekten logischen Schluss. Die Kette von Folgerungsschritten, die nach Descartes beweisen sollen, dass ich nicht identisch mit meinem Körper bin, müsste so dargestellt werden: 1. Wenn ich identisch mit meinem Denken bin und dieses Denken nicht bezweifelt werden kann, dann kann auch meine Existenz (als Denkender) nicht bezweifelt werden. 2. Wenn ich identisch mit meinem Körper bin und wenn ein Körper etwas ist, was bezweifelt werden kann, dann kann auch meine Existenz bezweifelt werden. 3. Wenn ich als denkendes Wesen nicht bezweifelt werden kann, als körperliches Wesen hingegen schon, dann bin ich nicht identisch mit meinem Körper. Offensichtlich ist es das Kriterium der Bezweifelbarkeit bzw. Nicht-Bezweifelbarkeit, das Mentales von Körperlichem trennt und die Nicht-Identität begründet.[154]

Descartes trägt hier eine Argumentationsweise vor, die Ähnlichkeit mit dem von Leibniz vorgetragenen Prinzip der Nichtunterscheidbarkeit des Identischen hat. Dieses Prinzip besagt, dass Identisches unbeschadet der Wahrheit wechselseitig ersetzt (substituiert) werden darf. Dies resultiert aus dem Gesetz der Identität: Für jedes x und jedes y gilt: Wenn x identisch ist mit y, so besitzt y auch alle Eigenschaften, die x besitzt.[155] Die Ähnlichkeit mit diesem Prinzip der Nichtunterscheidbarkeit des Identischen trügt allerdings, denn Descartes verfährt in seiner Argumentation nach dem Prinzip: Was unterschieden werden kann, ist kein Element des Identischen. Da Körper und Geist hinsichtlich ihrer Bezweifelbarkeit Unterschiede aufweisen und auch hinsichtlich des Kriteriums der Teilbarkeit (nur Materie hat räumliche Ausdehnung und ist teilbar), sind sie wesensverschieden. Da ich unbezweifelbar Geist bin, der Körper aber wesensverschieden von Geist ist, bin ich nicht identisch mit meinem Körper. Die Unzulässigkeit seiner Schlussfolgerung ist darin begründet, dass seine Aussagen von der Art »Ich bezweifle, dass ...« bzw. »Ich bezweifle nicht, dass ...« sind. Durch solche Ausdrücke wie »wissen«, »bezweifeln«, »glauben«, »meinen« werden nur kognitive Einstellungen der sich äußernden Personen zum Ausdruck gebracht.[156]

An einem Beispiel aus der Geometrie lässt sich die Fehlerhaftigkeit der Argumentation illustrieren: Ich kann erkennen, dass ein Dreieck drei Seiten hat, ohne zu erkennen, ob seine Winkelsumme 180° beträgt. Daraus kann aber nicht gefolgert werden, dass diese Winkelsumme von 180° nicht zu den wesentlichen Merkmalen von Dreiecken zu rechnen wäre.[157] Eine solche falsche Schlussfolgerung kommt dadurch zustande, dass verschiedene Formen von Aussagen miteinander vermischt werden. Aussagen in der Form »Ich habe ein sicheres Wissen/habe kein sicheres Wissen davon, dass« führen nicht zu einer korrekten logischen Folgerung: Also bin ich ein denkendes Wesen. Man muss differenzieren zwischen einer Wissensaussage und einer Tatsachenfeststellung; man muss die Aussagen danach unterscheiden, ob in den Aussagen kognitive Einstellungen von Personen (sog. propositional attitudes) oder Sachverhalte beschrieben werden. Da Descartes diese Trennung nicht vollzieht, kann die Wissensaussage bei ihm den Status einer Tatsachenfeststellung einnehmen. Gegen Descartes' Vorgehensweise kann man auch den grundsätzlichen Einwand vorbringen, dass er bei seiner Folgerung voraussetzt, dass ich meine Natur vollständig erkennen könne, ohne zu erkennen, ob ich einen Körper habe. Eine solche schwer wiegende Voraussetzung hätte er aber erst plausibel machen müssen. Der Mangel seiner Argumentationsweise besteht also darin, dass er den Modus der gesicherten Erkenntnis mit der Angabe von wesentlichen Bestimmungen des Menschen vermengt.

Probleme des Leib-Seele-Dualismus

Das aus dem Dualismus folgende Problem lässt sich am besten im Anschluss an Descartes' Vorstellung des Zusammenwirkens von Geist und Körper darstellen. In seiner Schrift *Die Leidenschaften der Seele*[158] bietet er eine zusammenfassende Darstellung seiner Sichtweise: Seiner Ansicht nach muss man davon ausgehen, dass die Seele ihren Hauptsitz in einer inmitten des Gehirns befindlichen Eichel hat. Von dort aus sende sie ihre Strahlen durch den ganzen Körper mithilfe der Lebensgeister, der Nerven und des Blutes, das für die Eindrücke der Lebensgeister empfänglich ist und diese durch die Arterien zu allen Gliedern zu bringen vermag. Descartes verschreibt sich hier der Sichtweise einer maschinellen Anordnung der Körperfunktionen: Die feinen Fäden unserer Nerven seien so durch die einzelnen Körperteile verteilt, dass sie bei den von den sinnlichen Gegenständen bewirkten Erregungen die Poren des Gehirns in verschiedener Weise öffnen. Eine solche Veränderung der Poren hat zur Folge, dass die in den Höhlen des Gehirns vorhandenen Lebensgeister in verschiedener Weise auf die Muskeln einströmen. Dadurch wird die Bewegung der Glieder entsprechend ihrer Bewegungsmöglichkeiten hervorgerufen.

Descartes stellt sich offensichtlich den Körper als eine Maschine vor, in der Wirkungen und Gegenwirkungen ablaufen. So wie die Seele auf die Eichel in verschiedener Weise einwirkt und diese bewegt, so treibt diese die sie umgebenden Lebensgeister durch die Poren des Gehirns, von wo aus die Nerven diese Ströme zu den Muskeln leiten. Einerseits veranlassen irgendwelche Bewegungen die Seele, aus ihrer inneren Aktivität heraus durch Bewegungsvorstellungen eine gedankliche Konstruktion der Außenwelt vorzunehmen, andererseits wirkt die Seele auch durch ihren Willen auf die äußeren Bewegungen zurück.

In diesem Modell hat Descartes offenbar alle seine gegenüber der Naturphilosophie der Renaissance geäußerten Bedenken außer Acht gelassen. Seine Beschreibung von »Lebensgeistern«, die »in den Höhlen des Gehirns« vorhanden sein sollen, mutet nicht nur seltsam an, sondern macht zudem Annahmen, die auf alle Fälle die Grenzen der menschlichen Erkenntnis übersteigen.

Dieses skurril anmutende anatomische Modell, das Descartes als Erklärung des Zusammenwirkens von Geist und Körper anbietet, lässt eine Ambivalenz seines eigenen Denkansatzes deutlich werden. Auf der Grundlage seiner metaphysischen An nahmen operiert er mit den zwei gegensätzlichen und sich gegenseitig ausschließenden Substanzen Geist und Körper, auf der Ebene der Beschreibung tendiert er eindeutig zu der Annahme von mechanistischen Gesetzen, denen die sinnlichen Empfindungen und Triebe in gleicher Weise wie die körperlichen Bewegungen unterliegen. Auf der Beschreibungsebene rückt er jene Methode in den Vordergrund, die für ihn die einzig denkbare Möglichkeit menschlicher Erkenntnis repräsentiert. In den späteren Diskussionen, die sich mit dem Verhältnis von Geist und Körper bzw. Mentalem und Materiellem befassen, wird diese Ambivalenz zu einem offenen Gegensatz unterschiedlicher Erklärungsprinzipien entwickelt. Descartes hat also selbst schon den Grundstein für diesen Streit gelegt.

Aus Descartes' Dualismus kann entsprechend seiner Methodenlehre eine Konsequenz gezogen werden, die er selbst noch durch die Annahme der denkenden Substanz zu verhindern suchte. Wenn man diese Lehre zum Maßstab des wissenschaftlichen Erkennens macht und gleichzeitig den Dualismus ablehnt, erscheint es nahe liegend, die Welt als eine Ansammlung von materiellen Körpern aufzufassen. Was hindert uns dann, auch die Personen nur als materielle Körper zu begreifen? Könnte man nicht auch über Personen in der Weise sprechen, dass sie materielle – wenn auch auf hochkomplexe Weise organisierte – Körper sind? Dann müssten wir nicht außer den materiellen Körpern noch andere Entitäten annehmen. Eine solche Auffassung stellt eine materialistische These über die Verfassung der Welt dar: Als ontologische These beinhaltet sie die Annahme, dass »Welt« immer die materielle Welt, die materiellen Körper, meint. In einer schwächeren Form führt diese Auffassung zu der Annahme, dass Personen *auch* materielle Körper sind, in einer stärkeren Form zu der These, dass Personen *nur* materielle Körper sind. Die zweite Variante hätte zur Folge, dass ein rein materialistischer

Begriff der Person entwickelt werden müsste. Das heißt, wenn wir auf wissenschaftliche Art über das sprechen wollen, was eine Person ist, dann dürften wir uns ausschließlich solcher Theorien und Ausdrücke bedienen, die Theorien über die Materie sind. Wenn man sich Descartes' Ausführungen zur Methode vergegenwärtigt, dann liegt die Annahme zweifellos nahe, dass wissenschaftliche Aussagen nur über »res extensa«, d.i. über die materielle Welt, gemacht werden können.

Die kritische Auseinandersetzung mit Descartes' Dualismus artikuliert sich in unterschiedlichen Positionen: Der als »Physikalismus« bezeichneten Position liegt das (Forschungs-)Programm zugrunde, für alle Phänomene physikalische Erklärungsmodelle zu entwickeln. In eine semantische These gefasst, bedeutet ein solcher Materialismus die Forderung: Alles, was sich sinnvollerweise über Personen aussagen lässt, muss in einer Sprache ausdrückbar sein und ausgedrückt werden, die nur Materie-Prädikate zulässt. Ein solcher Materialismus sieht sich allerdings mit folgendem Einwand konfrontiert[159]: Wenn eine Person nur als materieller Körper aufzufassen ist, dann muss man sich auf die Formulierung »Die Person ist ein Körper« beschränken und muss gleichzeitig die Aussage »Ich habe einen Körper« als unzulässig abweisen. In der zweiten Formulierung schreibt sich nämlich die Person selbst die Eigenschaft (einen Körper zu haben) zu. Eine solche Selbstzuschreibung ist weder mit der physikalistischen Sprechweise der ersten Behauptung gleichzusetzen noch in diese überführbar. »Denn etwas, das mit einem Körper identisch ist, hat keinen Körper, sondern ist ein Körper.«[160] Aufgrund dieses Einwands sieht sich der Materialismus genötigt, entweder die Formulierung der Selbstzuschreibung (»Ich habe einen Körper«) als eine unzulässige, sinnwidrige Aussage zurückzuweisen oder zu erklären, wie eine Person sinnvollerweise eine solche Aussage treffen kann, obwohl sie doch nur Körper ist.

Die Gegenposition zu dieser materialistischen Auffassungsweise lässt sich sowohl aus Descartes' Überlegungen wie aus unserem intuitiven alltagssprachlichen Verständnis von uns als Personen ableiten. Descartes führt die »res cogitans« ins Feld, womit ein Bereich des Nicht-Materiellen angesprochen wird. Wir können zwar nur dann mentale Eigenschaften aufweisen, wenn wir auch einen Körper, also materielle Eigenschaften, haben. Aber wesentlich ist, dass wir über unsere materiellen Eigenschaften hinaus auch mentale Eigenschaften aufweisen. Wenn Personen solche mentalen Eigenschaften zugeschrieben werden müssen, dann ergibt sich daraus eine Gegenposition zur materialistischen Auffassung: Ein Gegenstand aus dem Bereich des Mentalen lässt sich nicht mit einem Gegenstand aus dem Bereich des Materiellen gleichsetzen. Daraus kann dann gefolgert werden, dass zum Personsein nicht vorrangig die Materie als Körper, sondern die mentalen Eigenschaften zu zählen sind. Eine Person müsste dann auch durch Prädikate des Mentalen beschreibbar sein.[161] Die Konsequenz aus diesen Überlegungen lautet: Der Charakter der Subjektivität (der Person) kann nur durch mentale Eigenschaften beschrieben werden. Auch wenn Descartes' Grundlegung durch die substanzielle Bestimmung als »res cogitans« nicht zufrieden stellen kann, so hat er doch diesen Aspekt deutlich herausgestellt. Ich bin ein Subjekt, das zweifelt, das denkt – ich bin insofern ein Subjekt, als ich »Bewusstsein von etwas« habe. Das Subjekt kann zu seiner eigenen Beschreibung nur mentale Termini verwenden.[162]

Der Leib aus phänomenologischer Sichtweise[163]

In der philosophischen Anthropologie werden Einwände gegen den von Descartes postulierten Dualismus erhoben. Während gegenwärtig die Frage der Möglichkeit mentaler Verursachung eine besondere Rolle spielt, richtet sich die frühere Kritik gegen die Annahme, der Körper sei als materielles Ding zu bestimmen.[164] In der phänomenologischen Philosophie (Husserl, Scheler, Sartre, Plessner, Merleau-Ponty) wird einerseits eine Differenzierung zwischen Leib und Körper vorgenommen und andererseits der dualistischen Auffassung Descartes' die These entgegengestellt, dass der Leib nicht bloß materielle Substanz ist. Die These, dass der Leib vom Körper (als rein materiellem Seienden) zu unterscheiden ist, wird durch die phänomenologisch aufweisbare Tatsache belegt, dass der menschliche Leib von innen erlebt wird. Er ist als integraler Bestandteil des Bewusstseins zu verstehen. Wir nehmen den Leib nicht wie ein Objekt im Sinne eines Dinges wahr, sondern der Leib spielt als erlebter Leib selbst eine zentrale Rolle bei allen Sinneswahrnehmungen. Bei Husserl fungiert er als Orientierungspunkt der Wahrnehmung, bei Husserl wie auch bei Scheler spielt er eine besondere Rolle bei der Konstitution der menschlichen Umwelt.

Ein Blick in die sechste Meditation und in seine Schrift *Passions de l'âme* zeigt eine Auffassung Descartes', die dem strengen Substanzen-Dualismus zuwiderläuft. Dort spricht er davon, dass die Seele aufs Engste mit dem Körper vereint sei. Explizit behauptet er, dass Geist und Körper eine substanzielle Einheit bilden. Offensichtlich ist ihm die von der Phänomenologie eingeklagte Sichtweise nicht fremd, wenn er zwischen Geist und Körper eine essenzielle Einheit annimmt. Diese Einheit ist darin begründet, dass Körper und Geist ihre Funktionen nicht unabhängig voneinander ausüben können. Descartes illustriert dies anhand der Sinneswahrnehmung, für die er drei voneinander unterscheidbare Grade geltend macht: 1. Der rein körperliche Aspekt ist gleichzusetzen mit den Nervenreizungen, die durch ein Objekt hervorgerufen werden. 2. Die rein geistige Dimension ist dem Denken über »ideale Gebilde«, wie z.B. dem mathematischen Denken, vorbehalten. 3. Daneben gibt es aber beim Menschen Empfindungen (Schmerz, Hunger, Durst, aber auch Hitze- oder Kälteempfindungen), die sich nur aus der Verbindung von Körper und Geist erklären lassen. Denn nur über die Verbindung beider kommt dieses subjektive Erleben zustande.

Der phänomenologische Standpunkt reicht aber in seinem Insistieren auf der Leiblichkeit des Menschen über diese Beschreibung Descartes' insofern hinaus, als er auch die Prozesse der Wahrnehmung mit einschließt. Eine ausführlichere Darstellung der Auffassung von Merleau-Ponty[165] soll diese Leibkomponente verdeutlichen. Merleau-Ponty hat in seiner phänomenologischen Erörterung dem Leib einen spezifischen Stellenwert bei der Konstitution von Sinn eingeräumt. Der Sinn zeigt sich schon in der Art, wie das Sinnliche sich unserem Leib darbietet. Die Bezeichnung »eigener Leib« (corps propre) soll zum Ausdruck bringen, dass dieser als fungierender und lebendiger Leib Erfahrungen zustande bringt und dabei in der Erfahrung selbst mit gegenwärtig ist. In dieser Weise ist er einerseits ein allgemeines Medium zur Welt und zugleich ein Situiertsein in der Welt. Dies kommt prägnant in der mit dem Leib gegebenen Bewegungsintentionalität zum Ausdruck.

Mit dem Leib ist nicht nur ein Körperschema und damit auch eine eigene Räumlichkeit verbunden, sondern ebenso ein sensomotorisches Erfahrungsfeld, wobei Gesichtsfeld und Handlungsfeld miteinander verschränkt sind. Sinnstrukturen ergeben sich auf der Grundlage von Bewegungen und Bewegungserfahrungen, ohne dass diese bewusst gesteuert sein müssten. Auf der Basis dieser Leibkomponente allen Sinns wendet sich Merleau-Ponty der Sinnhaftigkeit des phänomenalen Feldes zu, für das er geltend macht, dass sie als die sachlich-dingliche, belebte, geschichtliche und soziale Lebenswelt anzusehen ist. Der Ausdruck »Feld« soll anzeigen, dass das Bewusstsein die Welt als sein Korrelat nicht von außen betrachtet, vielmehr soll es gleichsam in einem solchen Feld situiert sein. Wie dieser mittlere Bereich aussehen kann, macht Merleau-Ponty am Beispiel des Wahrnehmungsbewusstseins deutlich: Dieses soll nicht als reine Innerlichkeit, also nicht als Selbstgegenwart, sondern als ein leibhaftes Bewusstsein begriffen werden. Dadurch spricht er dem phänomenalen Leib den Status zu, das eigentliche Subjekt der Wahrnehmung zu sein. In der Dimension der Leiblichkeit ist ein dritter Bereich zu sehen, in dem die Unterscheidung zwischen bloß Objektivem (sprich: gegenständlicher Welt) und bloß Subjektivem (sprich: Denken) unterlaufen wird. Diese dritte Dimension der Leiblichkeit illustriert Merleau-Ponty an einem Beispiel: Anhand der Berührung der einen Hand meines Leibes durch die andere zeigt sich die Verschränkung von Subjekt des Empfindens (d.i. die berührende Hand) und Objekt der Empfindung (d.i. die berührte Hand). Von diesem Beispiel ausgehend, gelangt man zu der allgemeinen Aussage, dass der Leib mit der Empfindung der Sache gleichzeitig sich selbst in der Sache empfindet. Insofern kann man davon sprechen, dass die Sache in derselben intentionalen Struktur befangen ist wie der Leib. Das Ding hat einen Sinn, der nicht von den Empfindungen trennbar ist, in denen er »inkarniert« ist. Die Organisation der Wahrnehmung lässt sich nicht von der Organisation des Leibes trennen. Darin liegt der sachliche Grund für die Kritik an der tradierten Vorstellung, dass ein sinnliches Material erst durch die intellektuelle Formung Bedeutung erhält. Der unmittelbare Sinn der Gegenstände ist kein intellektueller Sinn (durch Sinngebung), sondern entspringt der Vertrautheit meines Leibes mit ihnen. Nach dieser phänomenologischen Auffassung ist die Vorstellung Descartes', dass dem Menschen einzig die Bestimmung als »res cogitans« wesentlich sei und ihm folglich nur mentale Prädikate, aber keine körperlichen Prädikate zugeschrieben werden können, so nicht haltbar.

Mit dieser Konzeption von Leiblichkeit ist bei Merleau-Ponty auch eine grundsätzliche Kritik an der Form von Erkenntnistheorie verknüpft, wie sie bei Descartes thematisiert wird. Seitens dieser Phänomenologie werden Einwände gegen die Annahmen des Rationalismus und des Empirismus erhoben. Gegen den Empirismus führt er ins Feld, dass die wahrnehmende Person nicht durch ein einzelnes Objekt affiziert wird, vielmehr zeigt sich dieses Einzelne in einem Zusammenhang mit anderen Objekten. In gleicher Weise wendet Merleau-Ponty gegen die von ihm als Intellektualismus bezeichnete rationalistische Erkenntnistheorie ein, dass das Bewusstsein weder passiver Empfänger von Impressionen, Qualitäten oder Reizen ist noch über intellektuelle Strukturen der Gegenstände, sprich: Ideen, verfügt. Erkennen ist nicht durch den Besitz von ewigen Ideen erklärbar.[166]

Das Problem der mentalen Verursachung und der Materialismus

Wenn man mit Descartes einen ontologischen Dualismus behauptet, muss man die Frage beantworten können, wie zwei Substanzen, die von grundsätzlich unterschiedlicher Natur sein sollen, aufeinander einwirken können. Man könnte nun zwar Descartes' Unterscheidung zwischen mentalen und körperlichen Phänomenen zustimmen, aber gleichzeitig einschränkend hinzufügen, dass wir damit nur auf intuitiv gewonnene Vorstellungen (des Common Sense) rekurrieren. Eine hinreichende und theoretisch fundierte Begründung dieses Dualismus wäre damit allerdings noch nicht geleistet. Man könnte weiterhin argumentieren, dass sich mentale oder psychische Phänomene wie Motive,

Wünsche, Erwartungen, Absichten, Träume, Gefühle wie Angst und Freude, Empfindungen wie Schmerz, Lust, Ekel usw. von körperlichen Phänomenen wie der Herz- und Lungentätigkeit, den Stoffwechselvorgängen usw. unterscheiden lassen.

Aber nach einer solchen Einteilung wäre die Frage zu stellen, welche Charakteristika für psychische bzw. mentale Phänomene angegeben werden können, um sie von den körperlichen Phänomenen auf eine hinreichend eindeutige Weise zu unterscheiden.[167] Eine zweite daran anschließende Frage problematisiert, ob die Unterscheidung zwischen mentalem und physischem Bereich tatsächlich so grundsätzlich zu verstehen ist, dass sich beide Bereiche gegenseitig ausschließen. Das Problem bekommen wir in den Blick, wenn wir der Fragestellung nachgehen, ob mentale Zustände das Verhalten einer Person verursachen können. Von der Annahme einer mentalen Verursachung gehen wir aus, wenn wir unsere Handlungen auf bestimmte Absichten, Wünsche, Meinungen zurückführen oder wenn wir Gefühle wie Angst oder Empfindungen wie Schmerz oder Lust als ursächlich für (unabsichtliches) Verhalten ansetzen. Solche Annahmen versetzen uns in die Lage, das Verhalten einzelner Personen in Bezug auf seine Ursachen zu deuten und zu erklären. Entsprechend können auch psychosomatische Phänomene erklärt werden, indem man für bestimmte körperliche Symptome (wie eine hysterische Lähmung, einen neurotischen Herzanfall oder asthmatische Anfälle) psychische Bedingungen als ausschlaggebend benennt.

An der Unterschiedlichkeit der Beispiele wird offenkundig, dass dabei von Ursächlichkeit in zweierlei Hinsicht die Rede ist: Unterstellt man Kausalität in einem strengen Sinn, müsste man gleichzeitig behaupten, dass ein bestimmtes Verhalten immer dann notwendig eintritt, wenn spezifische Ursachen vorliegen. Eine solche Kausalerklärung hätte den Status von naturgesetzlichen Aussagen. In einem schwächeren Sinne bedeutet Ursächlichkeit, dass bestimmte Bedingungen vorgelegen haben, die zu einem Verhalten geführt haben, wenn auch dieses Verhalten nicht notwendigerweise erfolgen musste.

In der Diskussion über Descartes stand zunächst die Frage im Vordergrund, ob die Annahme einer mentalen Verursachung haltbar ist. Descartes' Vorschlag, die Zirbeldrüse als »Verbindungsglied« zwischen Mentalem und Physischem zu begreifen, erscheint heute angesichts unseres biologischen bzw. medizinischen Wissens nicht tragfähig. Für die Beantwortung jener Frage müssen wir uns folgende grundlegende Sätze vergegenwärtigen:

1. Der Satz des Dualismus besagt: Mentale Phänomene sind nichtphysische Phänomene.

2. Die Aussage der mentalen Verursachung bedeutet: Mentale Phänomene sind im Bereich physischer Phänomene kausal wirksam.

3. Die grundlegende Annahme der klassischen Physik lautet: Der Bereich physischer Phänomene ist kausal geschlossen.[168]

Zu dieser Annahme der kausalen Geschlossenheit muss allerdings eine kurze Zwischenbemerkung eingeschoben werden: Nach der klassischen Denkweise waren die Fundamentalgesetze der Physik ausnahmslos deterministische Gesetze. Das Universum wurde als ein deterministisches System konzipiert. Mit der Entstehung der Quantenphysik setzte sich die Auffassung durch, dass die physikalischen Gesetze nur einen statistischen Wert tragen. Der Wert der uns interessierenden Zustandsgrößen ist nur durch Wahrscheinlichkeiten bestimmt. Die Einsicht in den indeterministischen Charakter der Physik hängt mit Heisenbergs Unschärfe- und Unbestimmtheitsrelation zusammen. Danach ist es prinzipiell unmöglich, eine gleichzeitige Messung miteinander verbundener (d.i. konjugierter) Größen vorzunehmen, z.B. eine genaue Messung von Ort und Impuls eines Elementarteilchens. Die entscheidende Veränderung gegenüber der klassischen Physik liegt darin, dass nicht mehr vom klassischen mechanischen Zustandsbegriff ausgegegangen wird. Dieser beruhte auf der Annahme, dass das System abgeschlossen ist und aus einer endlichen Anzahl von Partikeln besteht. Auf diesen Annahmen basierte die weitere Annahme, dass der mechanische Zustand des Systems (zur Zeit t) vollkommen bestimmt ist. Da es unmöglich ist, die Zustände eines Systems in allen denkbaren Hinsichten zu beschreiben, muss man eine Beschränkung auf eine Klasse von Eigenschaften bzw. quantitativen Zustandsgrößen vornehmen. So ist beispielsweise die klassische Mechanik deterministisch in Bezug auf die mechanischen Merkmale von Systemen. Mit einem solchen mechanischen Determinismus ist durchaus die Auffassung verträglich, dass die Systeme in Bezug auf ihre nichtmechanischen Eigenschaften nicht deterministisch sind. In einer deterministischen Theorie ist immer mit Blick auf eine erwähnte Klasse von Eigenschaften oder Zustandsgrößen von einem deterministischen System die Rede.[169]

Vertraut man der Annahme der physikalischen Geschlossenheit, wie sie im Satz 3 zum Ausdruck kommt, dann muss jedes physische Phänomen durch andere physische Phänomene verursacht sein. Das bedeutet, dass die körperlichen Phänomene erst dann als erklärt gelten, wenn wir physische bzw. physiologische Ursachen dafür namhaft machen können. Mentale Ursachen haben in diesem Erklärungsmodell keinen Platz mehr. Eine solche Auffassung vertritt der »methodologische Physikalismus«.

Die mittels dieser Überlegungen eingeführte Problematik lässt sich anhand der einschlägigen grundlegenden Sätze verdeutlichen. Die folgenden Sätze sind nicht miteinander vereinbar, jeweils zwei von ihnen implizieren die Falschheit des dritten:

1. Wenn mentale Phänomene nichtphysische Phänomene sind und wenn es mentale Verursachung gibt, dann kann der Bereich

der physischen Phänomene nicht geschlossen sein. (Satz 1 und 2 gegen Satz 3)

2. Wenn die Annahme der kausalen Geschlossenheit gilt und wenn mentale Phänomene nichtphysische Phänomene sind, dann kann es keine mentale Verursachung geben. (Satz 3 und 1 gegen 2)

3. Wenn die Annahme der mentalen Verursachung gelten soll und es die kausale Geschlossenheit der physischen Welt gibt, dann kann es nicht sein, dass mentale Phänomene nichtphysische Phänomene sind. (Satz 2 und 3 gegen 1)

Als Resultat bleibt festzuhalten, dass der ontologische Dualismus in der Weise nicht haltbar ist. Man kann daraus unterschiedliche Konsequenzen ziehen: Entweder gibt man die Annahme mentaler Phänomene auf. Oder man gibt die Annahme mentaler Verursachung preis, dann hat man zu erklären, wie der Zusammenhang zwischen Mentalem und Physischem verstanden werden kann.

Die Probleme, die mit Descartes' Annahme einer psychophysischen Wechselwirkung einhergehen, waren durchaus schon den unmittelbaren Nachfolgern Descartes' bewusst. So unterbreitete Hobbes im dritten Einwand zu den *Meditationes* eine Argumentation, in der er zeigen wollte, dass man sich zwar im Sinne Descartes' als ein denkendes Ding kennen könne. Damit wäre aber noch nicht ausgeschlossen, dass man in Wahrheit doch mit einem materiellen Körper in der Welt identisch sei. Er spitzt das schließlich zu der materialistischen These zu, dass das von Descartes als Geist oder Bewusstsein Bezeichnete in Wirklichkeit nichts anderes als eine Bewegung in bestimmten Teilen des Körpers sei.

Auch die Philosophen, die in der Philosophiegeschichte unter der Bezeichnung »Okkasionalisten«[170] zusammengefasst werden, suchten eine brauchbare Erklärung für den Dualismus. Einerseits war ihnen bewusst, dass sich der Leib-Seele-Dualismus nicht mit der Auffassung vertrug, die Person stelle eine Interaktionseinheit von Leib und Seele dar, andererseits suchten sie nach einer Antwort, ohne den Dualismus preisgeben zu müssen. Wie konnten sie die Feststellung umgehen, dass es einen unbestreitbaren Zusammenhang zwischen physiologischen Vorgängen im Gehirn, den Sinnesorganen, dem Nervensystem und bestimmten Bewusstseinsvorgängen gibt? Die Lösung des Problems suchten sie in der Annahme, dass physische und psychische Vorgänge deshalb einander zugeordnet sind, weil Gott aus Anlass (occasio) der einen die jeweils anderen hervorrufe. Man könne es nicht weiter erklären, sondern müsse sich mit der Antwort begnügen, dass es Gott gefallen habe, bestimmte Bewegungen im Organismus mit bestimmten Gedanken zu koppeln. Psychophysisches ist zu verstehen als die gottgewollte wechselseitige Zuordnung psychischer Vorgänge zu physischen. Vorgänge sind in stets gleich bleibender Weise einander zugeordnet, sodass »bestimmte Bewegungen« der »spiritus animales« von bestimmten Ideen, und zwar gleiche Bewegungen von gleichen Ideen, begleitet werden.

Eine andere zeitgenössische Lösungsvariante repräsentiert der psychophysische Parallelismus. Er trägt dem Dualismus insofern Rechnung, als er die Annahme kausaler Verursachung jeweils nur innerhalb eines Bereichs für zulässig erklärt: Wie physische Phänomene durch andere physische kausal verursacht sein können, so auch mentale durch andere mentale Phänomene. Ausgeschlossen aber ist, dass Phänomene des einen Bereichs in kausaler Beziehung zu solchen des anderen Bereichs stehen. Korrelationen zwischen mentalen und physischen Phänomenen sind zufälliger Natur und erlauben von daher nicht die Annahme einer gesetzesartigen Entsprechung. Leibniz, der repräsentativ für diese Position genannt werden kann, bietet für den Parallelismus das Bild zweier synchronisierter, aber untereinander nicht verbundener Uhren auf.

Gegen den psychophysischen Parallelismus kann folgender Einwand vorgebracht werden: Der Bereich mentaler Phänomene kann deshalb nicht als ein geschlossenes kausales System angenommen werden, weil man nicht alle mentalen Zustände auf andere mentale zurückführen kann. Beispielsweise kann mein Schmerz (als mentales Ereignis) die Ursache für meine Absicht sein, einen Arzt aufzusuchen. Der Schmerz seinerseits ist aber nicht selten durch ein körperliches Ereignis hervorgerufen (z.B. durch eine Verbrennung). In diesem Fall bewirkt ein körperliches Ereignis das mentale.[171]

Im Rahmen einer Darstellung der Philosophie Descartes' kann die Auseinandersetzung mit dem ontologischen Dualismus nur am Beispiel einiger repräsentativer Positionen skizziert werden. Sowohl der Materialismus wie der Funktionalismus haben auf verschiedene Weise Überlegungen zur Überwindung des Dualismus angestellt. Der Materialismus lässt sich zunächst prägnant in die These fassen, dass alle realen Dinge oder Ereignisse in letzter Analyse nichts anderes als physische Dinge oder Ereignisse seien. Demzufolge lassen sich auch alle mentalen Phänomene und Ereignisse rein physikalisch erklären. Diese programmatische Forschungsthese, mentale Phänomene auf physikalische oder physiologische Erklärungen zurückzuführen, wird als physikalischer Reduktionismus bezeichnet. Dieser These kommt zunächst keine größere Dignität zu als anderen metaphysischen Thesen auch. Denn sie ist nicht ihrerseits etwa durch naturwissenschaftliche Theorien begründet, sondern liegt diesen gleichsam als programmatischer Anspruch voraus. Man muss dabei Folgendes im Auge behalten: Die Naturwissenschaften können nur naturgesetzliche Korrelationen zwischen Prozessen im Gehirn und psychischen Vorgängen aufweisen. Es ist aber eine weiter gehende (logische und wissenschaftstheoretische) Frage, ob man von der Feststellung solcher Korrelationen zur Behauptung übergehen kann, dass psychische Phänomene nichts anderes seien als komplexe physiologische Ereignisse.[172] Die Überprüfung dieser Behauptung steht noch an. Die Forderung des Reduktionismus kann auf unterschiedliche Weise eingelöst werden: entweder indem man die mentalen Phänomene auf solche des äußeren Verhaltens oder indem man mentale Zustände auf Gehirnzustände bzw. neurologische Phänomene zurückführt. Die Beseitigung des Dualismus kann nur gelingen, wenn entweder dem Bereich des Mentalen oder dem Bereich des Physischen der Status eines eigenständigen Bereichs abgesprochen wird. In der Tendenz neigen Vertreter des Materialismus dazu, sich für folgenden Satz zu entscheiden: Wenn mentale Phänomene im kausal geschlossenen Bereich physischer Phänomene eine kausale Rolle spielen sollen, dann müssen sie als physische Phänomene beschreibbar sein. Das zeigt allerdings nur die Tendenz an, eine einheitliche Lösungsstrategie ist daraus noch lange nicht abzulesen.

Die Überwindung des ontologischen Dualismus soll dadurch erreicht werden, dass der vermeintliche Bereich mentaler Ereignisse in physikalischer Sprache erklärt wird. Dabei wurde der Bereich der mentalen Ereignisse vorrangig an einer nicht weiter bestreitbaren subjektiven Empfindung wie stechendem Schmerz, Juckreiz oder Farbeindruck abgehandelt. Die Verkürzung des Leib-Seele-Problems auf den Bereich der Empfindung ist allerdings einer methodologischen Vorentscheidung geschuldet: Auf der Grundlage der naturwissenschaftlichen Forschungs- und Erklärungsweise wollte man dem, was bislang unter dem Signum »Mentales« firmierte, näher kommen. Daraus resultiert die Einschränkung auf Empfindungen ohne Bezug auf andere mentale Phänomene wie Wünsche, Überzeugungen, Erinnerungen und Erwartungen. Als Ausgangspunkt der Diskussion kann die Identitätstheorie angesehen werden. Für die Identitätsthese des Materialismus ist die methodologische Vorentscheidung der Ausgangspunkt ihrer Erklärungsstrategie, statt zwei Substanzen nur eine materielle Substanz anzunehmen, sodass die mentalen Phänomene als psychophysische Phänomene erklärbar sind.

Folgt man dem Vorschlag von Feigl, den er in Gestalt einer Doppelaspekt-Theorie[173] vorträgt, dann könnte man durchaus eine introspektive Psychologie zulassen, die die privaten Erlebnisgegebenheiten in einer »mentalistischen Sprache« beschreibt. Daneben könnten wir aber auch in einer neurophysiologischen Terminologie die zentralen Ursachen der peripheren körperlichen Veränderungen beschreiben. Die unterschiedliche Terminologie drückt nur einen doppelten Aspekt für ein und dieselbe Sache aus: Wir verwenden nur subjektive Erlebnisausdrücke für äußere Ursachen unseres Verhaltens. Wenn es uns gelänge, ein »Autocerebroskop« zu erfinden, das ein vollständiges Bild aller Gehirnaktivitäten liefert, könnte man Feigls Modell in einer Art Selbstversuch plausibel machen: Eine Versuchsperson könnte dann auf dem Monitor z.B. ein stark vergrößertes Bild ihrer zerebralen Nervenaktivitäten sehen, während sie subjektiv ein wachsendes Gefühl von Ärger (oder Liebe, Hass u.a.) verspürt.

So könnte es gelingen, die zwei zunächst voneinander unabhängigen mentalen und physischen Phänomene miteinander zu identifizieren. Feigls Identitätsthese von Zuständen direkter Erfahrung und neuronalen Vorgängen bleibt ein Denkmodell. Denn die These der Identität kann mithilfe dieses Geräts bestenfalls illustriert, nicht aber auf eine theoretisch befriedigende Weise erklärt werden. Feigls Überlegungen weiterführend, könnte man die kritische Frage einbringen, ob unsere intuitiv gewonnenen Vorstellungen bezüglich des Mentalen zwingend im Sinne eines ontologischen Dualismus gedeutet werden müssen. In der Konsequenz dieser Überlegung können wir zumindest in Erwägung ziehen, dass das Mentale möglicherweise keinen eigenen Bereich des Existierenden darstellt. Es wäre denkbar, dass das

Mentale mit allen seinen spezifischen Eigenschaften als ontologisch neutral aufzufassen ist.

Einen entsprechenden Vorschlag, den Dualismus zu umgehen, tragen Smart und Armstrong[174] vor: Wenn wir mentale Ausdrücke verwenden, müssten wir nicht gleichzeitig unterstellen, dass daraus die Existenz spezifisch mentaler Eigenschaften folgt. Wir sollten dabei offen lassen, welchen ontologischen Status jener Zustand hat, der beschrieben wird. Die Bedeutung psychologischer Ausdrücke lässt unbestimmt, welcher Natur dieses Etwas ist. Die Ausdrücke »Schmerz«, »Gefühl«, »Vorstellung« meinen Zustände im Körperinneren, die jeweils unter besonderen äußeren Reizbedingungen auftreten. Die Bedeutung psychologischer Ausdrücke wäre vollständig durch eine funktionale Beschreibung ersetzbar. In Bezug auf Empfindungen sähe eine solche »gegenstandsneutrale Analyse« (topic neutral approach) folgende Umformulierung vor: Die subjektive Erlebnisaussage »Ich habe einen stechenden Schmerz« wird ersetzt durch die neutrale Aussage »Etwas geht in mir vor, das dem gleicht, was in mir vorgeht, wenn ich mich mit einem spitzen Gegenstand verletze«. Es ist allerdings fraglich, ob es sich dabei nicht in gewisser Hinsicht um ein zirkuläres Verfahren handelt. Denn setzt der Gliedsatz »wenn ich mich mit einem spitzen Gegenstand verletze« nicht voraus, dass ich schon einmal jenes Erlebnis hatte, das in dem (zu ersetzenden) Erlebnissatz ausgedrückt wird?

Im Rahmen dieser Darstellung müssen wir uns bei der Kritik dieser Ansätze auf sehr allgemeine Bemerkungen beschränken. Die Identitätstheorie leistet nicht das, was sie beansprucht zu leisten: Sie umgeht den ontologischen Dualismus nur, kann ihn aber nicht ausschließen. Denn sie stellt eine Beziehung her zwischen mentalen und physischen Phänomenen. Eine empirische Korrelation lässt die Möglichkeit des Dualismus offen. Die Identität mentaler und physischer Phänomene kann auf empirischem Weg nicht festgestellt werden.[175]

Im eliminativen Materialismus wird die Kritik am Substanzendualismus am striktesten von jenen vertreten, die das mentalistische Vokabular durch ein physikalistisches ersetzen wollen.[176] Mit der Elimination des mentalistischen Vokabulars gehen aber auch eine ontologische Elimination und eine bestimmte Form der Theorienreduktion einher. In ontologischer Hinsicht wird die Auffassung vertreten, dass es keine mentalen Phänomene gibt. Deren Annahme wäre gleichzusetzen mit den Annahmen eines Glaubens an Dämonen. Alle mentalen Phänomene lassen sich neurophysiologisch erklären. Diesem Standpunkt entspricht eine theoretische Reduktion: Die Psychologie kann durch die Neurowissenschaft ersetzt werden. Unsere subjektive Erfahrungswelt wird dabei von einer methodologischen Einstellung her beseitigt: Nur das, was sich einem bestimmten naturwissenschaftlichen Erklärungsmodell einfügt, kann als Entität angenommen werden. Könnte aber – so die Gegenfrage – ein solcher Wissenschaftsdogmatismus nicht auch eine Form des Dämonenwahns darstellen? Denn vom eigenen Ansatz her kann nicht darüber diskutiert werden, ob und welche psychischen Phänomene sich durch rein naturwissenschaftliche Betrachtungen hinreichend erklären lassen. Jeder, der im Gegensatz zu dieser Position geltend machen wollte, dass sich bestimmte psychische Probleme wie Zwangsmechanismen oder Angstneurosen nur über die Annahme emotionaler Verarbeitungsprozesse erklären lassen, würde demnach über falsche Dämonen sprechen. Wissenschaft verkommt auf diesem Wege zu einer dogmatischen Metaphysik ganz anderer Art. Die Kritik an Descartes, aus der sich ein solcher Standpunkt speist, ist verständlich. Sie richtet sich gegen die Annahme, dass ein Bewusstsein sich vollständig durchsichtig beschreiben könne. Dagegen setzen die Vertreter dieser Position die These, dass es keine theorieneutralen inneren Gegebenheiten und auch keine absolut privilegierte Sprache des inneren Erlebens gibt. In ihrer Konsequenz allerdings bleiben sie blindlings dem Descartes der Methodenlehre verhaftet. Statt sich radikal von der Annahme mentaler Phänomene abzuwenden, müsste sich der eliminative Materialismus auf die These beschränken, dass es keine mentalen Phänome gibt, wie die problematisierte dualistische Theorie sie beschreibt.[177]

Von diesen Positionen abgehoben, trägt der Funktionalismus[178] die These vor, dass es sich bei den mentalen Zuständen um funktionale Zustände handelt, die beim Menschen in den physiologischen Zuständen des Gehirns realisiert werden. Durch diese Lösung bleibt der Unterschied zwischen Mentalem und Physischem bestehen, ohne dass daraus eine ontologische Kluft abgeleitet würde. Unter einem funktionalen Zustand wird ein Zustand verstanden, der vollständig definiert ist durch seine kausalen Beziehungen zu einem bestimmten Input, einem bestimmten Output und zu anderen Zuständen des Systems. Das Modell orientiert sich an den Computerwissenschaften. Der mentale Zustand ist durch seine kausale Rolle im Leben des Organismus bestimmt. An folgendem Beispiel lässt sich diese Auffassung verdeutlichen: Der Schmerz als mentaler Zustand wird durch Verletzungen hervorgerufen und löst seinerseits den Wunsch aus, den Schmerz wieder loszuwerden, verbunden mit der Absicht, dies durch einen Arztbesuch oder durch Medikamente zu erreichen.

Mit den hier dargestellten Positionen ist die Diskussion über Descartes natürlich längst nicht abgeschlossen. Zahlreichen Einwänden gegen diese Lösungsstrategien stehen ebenso viele Antworten gegenüber. Zu den prominentesten Kritikern des Materialismus zählen Popper und Eccles[179], die die These vertreten, dass das Bewusstsein nicht mit der Gehirnmasse gleichgesetzt werden dürfe und dass davon auszugehen sei, dass ein Selbst sein Gehirn steuert. Ebenso entschieden tritt Searle dafür ein, dass man die offenkundigen Tatsachen nicht leugnen könne, die unser eigenes Erleben betreffen – so z.B., dass wir alle Bewusstsein haben und dass unsere Bewusstseinszustände ganz bestimmte irreduzible phänomenale Eigenschaften haben.[180] Ein zentrales Argument, das immer wieder gegen Funktionalismus und Materialismus ins Feld geführt wird, betrifft die Behauptung, dass der Mensch Empfindungsqualitäten (sog. Qualia) hat und dass diese ihm unmittelbar (introspektiv) erkennbar sind. Eine physikalische Beschreibung kann nicht dasselbe leisten wie das unmittelbare Erleben von Qualia.[181] Eine Argumentation für den Dualismus stellt Chisholms Festhalten an der Intentionalität des Bewusstseins dar. Er zeigt auf, dass psychologische Sätze, die unser Denken, Wahrnehmen, Wissen und Wünschen beschreiben, eine Reihe von logischen Eigentümlichkeiten aufweisen, die die Annahme der Intentionalität rechtfertigen.[182]

5. Essenzialismus und methodologischer Reduktionismus

In der Auseinandersetzung mit Descartes haben vorwiegend seine Thesen zum Dualismus der Substanzen und zur Selbstvergewisserung des Bewusstseins im Vordergrund gestanden. Dabei ist nicht zu übersehen, dass Descartes in den *Regulae* einer wissenschaftlichen Methodologie das Wort geredet hat, die sich in ihren Grundzügen durchaus mit den Ansprüchen moderner naturwissenschaftlicher Prinzipien in Einklang bringen lässt. Sein an den Verfahrensweisen der Geometrie ausgerichtetes Modell sieht vor, dass wir zunächst von den komplexen Gebilden zu den einfachen Elementen zurückgehen müssen, um von hier aus wieder zur Erklärung des Komplexen gelangen zu können. Im Rahmen einer Diskussion über Descartes verbindet sich damit die Frage, ob aus dieser Methode auch ein philosophischer Reduktionismus abgeleitet werden kann – und damit natürlich die Frage, wie ein solcher Reduktionismus aussehen und auf welchem Gebiet er zur Anwendung kommen könnte. Diese letzten beiden Fragen haben ihre besondere Relevanz für das diskutierte Leib-Seele-Problem. Descartes' Reduktionismus besteht in seinem Vorschlag, die gesamte Physik unbelebter Körper auf die Idee der ausgedehnten Substanz zurückzuführen. Für die Physik war diese Reduktion insofern erfolgreich, als damit ein verständliches Bild des gesamten Universums gewonnen wurde. Descartes vertrat daneben noch die Vorstellung, das physikalische Universum sei ein sich bewegendes Uhrwerk von »Wirbeln«, die wie

Räder in einem Getriebe miteinander vernetzt seien. In einem solchen Uhrwerk stößt jeder Körper (d.i. jeder Teil der Materie) den ihm benachbarten Teil an und wird seinerseits von anderen angestoßen. Nach diesem Modell kann es also nur eine physikalische Art der Verursachung (Stoß und Nachwirkung) geben. Das methodologische Konzept der Reduktion beinhaltete die naturphilosophische Vorstellung, dass allein Materie in der physikalischen Welt zu finden ist. Entsprechend ist selbst der Raum auf Materie reduziert: Da alles als räumliche Ausdehnung der Materie bestimmt ist, kann es keinen leeren Raum geben.

Für eine eingehendere Diskussion müssen wir drei Gesichtspunkte voneinander unterscheiden: 1. die Frage, ob dieses physikalische Modell auch für die weitere Entwicklung der Physik Bestand haben konnte; 2. die Frage, wie die Bestimmung der räumlichen Ausdehnung zu bewerten ist – ob mit ihr nicht doch noch ein Rest an essenzialistischer Erklärung geblieben ist; 3. die Frage, ob das methodische Verfahren der Reduktion hinsichtlich seiner Reichweite noch problematisiert werden müsste.

1. Die weitere Entwicklung der Physik: Descartes' Reduktion des physikalischen Universums auf die Ausdehnung der Materie geriet zu dem Zeitpunkt ins Wanken, als Newton mit seiner Gravitationstheorie eine neue Art der Verursachung, nämlich Anziehungskraft und Fernwirkung, einführte.[183] Für die Argumentation von Descartes ist dies insofern von Belang, als er ja glaubte, mithilfe der Reduktion zu letzten Elementen gelangen zu können, die ihrerseits das Resultat gesicherter Erkenntnis sein sollten. Die von Newton eingeleitete Revision seines Modells zeigt, dass dieser Anspruch auf Erkenntnis letzter Elemente selbst noch fragwürdig ist. Von einer Sicherheit oder gar Gewissheit in Bezug auf diese letzten Elemente kann demzufolge keine Rede mehr sein. Auch wenn sich die Methode des Reduktionismus innerhalb der physikalischen Forschung weiterhin bewährt hat,

darf diese Methode doch nicht mehr mit dem Anspruch gesicherter Erkenntnis auftreten, bestenfalls als Forschungsprogramm, das zu immer neuen Problemlösungen führen kann. Die Geschichte der Physik gibt selbst dafür das beste Anschauungsmaterial ab. So stellt die neue Quantentheorie ein Beispiel dafür dar, wie die Mechanik auf die elektromagnetische Theorie der Materie reduziert werden kann. In der weiteren Folge kristallisierte sich die Einsicht heraus, dass die materielle Welt aus nur zwei fundamentalen Entitäten besteht: den positiven und negativen Elektronen. Mit der Entdeckung der Neutronen und der Positronen wiederum hat sich der Prozess der Suche nach weiteren Elementarteilchen fortgesetzt. An die Stelle von Descartes' wesentlicher Annahme der räumlichen Ausdehnung sind mittlerweile mindestens vier verschiedene unreduzierbare Arten von Kräften getreten: Gravitation, schwache Wechselwirkung, elektromagnetische Kraft und Kernkraft.[184]

2. Descartes' Bestimmung der räumlichen Ausdehnung als essenzialistischer Restbestand: So sehr Descartes zu einem neuen Verständnis für die wissenschaftliche Bestimmung von Realität beigetragen hat, darf man doch dabei nicht übersehen, dass er in bestimmten Teilen noch einem überholten Verständnis von Welt angehangen hat. Einerseits richtete sich seine Kritik gegen die naturphilosophischen Vorstellungen der Renaissance. Deren Auffassung entspricht einem essenzialistischen Verständnis der Phänomene.[185] In diesem Modell müsste man die Schwerkraft so verstehen, dass jedes Materieteilchen mit Schwere ausgestattet ist und damit auch mit einer inhärenten Kraft, andere Materie anzuziehen. Entsprechendes würde für die Trägheit gelten; sie wäre als eine inhärente Kraft, einer Änderung des Bewegungszustandes des Materieteilchens zu widerstehen, zu verstehen. Descartes hatte diese Auffassung am Beispiel der Erklärung des Magnetismus kritisiert. Auf der anderen Seite fasste er seiner-

seits die Ausdehnung in einem essenziellen Sinne. Er vertrat die Ansicht, dass das Wesen eines Dinges eine »wahre« und »absolute« Eigenschaft dieses Dinges sein muss – also eine Eigenschaft, die nicht von der Existenz anderer Dinge abhängt. Nach Descartes folgen alle Naturgesetze mit Notwendigkeit aus dem einen analytischen Prinzip (der Wesensdefinition des Körpers), gemäß dem »ein Körper sein« dasselbe bedeutet wie »ausgedehnt sein«. Daraus ergibt sich, dass zwei verschiedene Körper nicht dieselbe Ausdehnung, denselben Raum einnehmen können. Von Essenzialismus kann man insofern sprechen, als dahinter eine spezifische Lehre von der Notwendigkeit der Naturgesetze steht. Aus der Notwendigkeit der Naturgesetze bzw. der absoluten Nichtkontingenz der Naturgesetze folgt die Lehre von der Existenz letzter Erklärungsgründe. Das würde bedeuten, dass es erklärende Theorien gibt, die ihrerseits einer weiteren Erklärung weder fähig noch bedürftig sind. Dies wäre in dem Fall so, dass alle Naturgesetze auf sog. wahre Prinzipien der Notwendigkeit zurückgeführt würden. Dabei fungieren als wahre Prinzipien solche »Binsenweisheiten« wie die, dass zwei wesensmäßig ausgedehnte Dinge nicht denselben Raum einnehmen können.[186]

3. Die Problematik der methodologischen Reduktion: Mit der Problematisierung hinsichtlich der Reichweite sind zwei Aspekte ins Auge zu fassen: Welchen Status hat der Reduktionismus im Hinblick auf eine vollständige Erklärung? Und kann das Bewusstsein des Menschen in diesem Sinne auch reduziert werden auf Physik oder Chemie?

Verschiedene Strategien, das Mentale auf den Bereich des Physischen zu reduzieren, wurden im Kapitel über Descartes' Dualismus dargestellt. Hier soll uns die Frage beschäftigen, ob die Methodologie des Reduktionismus zu einer in besonderer Weise qualifizierbaren gesicherten Erkenntnis führen kann. Zur Diskussion steht damit die Frage, wie der Stellenwert dieser Methode einzuschätzen ist. Ist so etwas wie eine letzte Reduktion, hinter die nicht mehr zurückgegangen werden kann, denkbar? Wir können diese Überlegung als philosophischen Reduktionismus bezeichnen, der sich in folgende Frage fassen lässt: Ist es mithilfe der Reduktionsmethode möglich, zu einer letzten Reduktion und damit auch zu einer vollständigen Erkenntnis zu gelangen? Motiviert ist diese Frage durch den Wunsch nach einer Erklärung, die keiner weiteren Erklärung mehr bedürftig ist. Diese Hoffnung kann sich nicht erfüllen, was sich durch zwei grundsätzliche Argumentationen belegen lässt. Eine vollständige Reduktion wäre dann gegeben, wenn eine erklärende Wissenschaft vervollständigt werden kann. Vervollständigt wäre sie dann, wenn keine weitere Erklärung mehr erfolgen kann und auch nicht mehr erfolgen müsste. Genau das kann aus prinzipiellen Gründen nicht gelingen. Die dafür einschlägigen Argumente hat der Mathematiker Gödel für die Arithmetik geliefert.[187] Er hat nachgewiesen, dass es unmöglich ist, ein System der formalisierten Arithmetik zu vervollständigen. Vereinfacht formuliert, lässt sich seine Überlegung so darstellen: Unter der Voraussetzung einer endlichen Anzahl von elementaren Annahmen (Axiomen) und Regeln, mittels deren man aus den Axiomen Sätze ableiten kann, wird man – soweit die Axiome widerspruchsfrei sind – immer in der Lage sein, zumindest eine wahre Aussage zu machen, die das System nicht beweisen kann. Wir können zwar innerhalb des Axiomensystems widerspruchsfreie Aussagen erzeugen, wir können aber mit solchen Sätzen nicht wiederum die Vollständigkeit oder die Schlüssigkeit des Systems beweisen. Um einen solchen Beweis erbringen zu können, müssten wir uns außerhalb dieses Systems stellen. Unvollständig ist das System insofern, als es den Beweis nicht erbringen kann, dass es alle wahren arithmetischen Formeln erzeugen kann, und ebenso wenig den Nachweis, dass alle wahren arithmetischen Formeln innerhalb dieses

Systems bewiesen werden können. Wenn wir uns außerhalb dieses Systems stellen, um den geforderten Beweis zu erbringen, müssten wir dazu wiederum nachweisen, dass diese (äußeren) Beweismethoden richtig sind. Wir machen dabei keine Aussage im System, sondern über das System, also eine meta-arithmetische Aussage. Und diese müsste ihrerseits ihre Schlüssigkeit beweisen, wodurch das ganze Verfahren auf eine weitere (dritte) Position außerhalb des zweiten Systems verwiesen wäre.

Nun ist die Reduktion des Bewusstseins auf Physiologie nicht gleichzusetzen mit einem formalisierten System, wie es die Arithmetik ist. Aber in der Konsequenz von Gödels Theorem der Unvollständigkeit liegt ein weiterer gewichtiger Einwand gegen die Strategie, das menschliche Bewusstsein auf physiologische Vorgänge zu reduzieren. Einmal unterstellt, es wäre möglich, die Bewusstseinsvorgänge als physiologische Prozesse zu beschreiben, dann haben wir zwar ein Modell gewonnen, mit dessen Hilfe das menschliche Bewusstsein als chemischer oder physiologischer Prozess erklärt werden kann. Um den kritischen Punkt herausstellen zu können, müssen wir nur einen weiteren Schritt vollziehen, indem wir die Frage aufwerfen, ob man aufgrund dieser Beschreibung ein Denken, das zu richtigen Ergebnissen führt, von einem Denken mit falschen Resultaten unterscheiden kann. Die für das Gelingen der Reduktion angeführten Beispiele für mentale Phänomene beschränken sich meist auf Schmerz- oder Lustempfinden. Damit ist aber der Bereich des Mentalen, zu dem auch das Denken im Sinne kognitiver Überlegungen gehört, nicht ausgeschöpft. Wenn nun die Frage von richtigem und falschem Denken aufgeworfen wird, muss der Reduktionist passen. Denn selbst wenn er zweierlei Verlaufsformen von Denkprozessen feststellen könnte, so kann er doch nicht aus deren Darstellung feststellen, welche von beiden das Denken mit dem richtigen Resultat repräsentiert. Dies kann er nur, wenn er vorweg schon weiß, worin die Richtigkeit des Denkergebnisses besteht. Nur auf der Grundlage dieses vorgängigen Wissens könnte ihm eine solche Zuordnung gelingen. Frege und Husserl haben ähnliche Versuche, die Gesetze der Logik auf die kausale Denkabfolge zurückzuführen, als falschen Psychologismus kritisiert.[188] Zu unterscheiden ist der als wahr oder falsch zu bewertende Urteilsinhalt von der kausalen Abfolge von Denkprozessen.

Der Reduktionist kann sich dieser Frage nicht entziehen, denn auch für seine eigene Theorie erhebt er einen Erklärungsanspruch, der als richtig oder falsch beurteilbar ist. Seiner Theorie nach müsste auch sein eigener Denkakt während seiner physiologischen Beschreibung einer weiteren Untersuchung unterzogen werden. Damit wäre sein Forschen, sein Denken wiederum konsequent als physiologischer Prozess beschrieben. Bleibt man in diesem Modell, so heißt das, dass er einer weiteren Forscherperson bedarf, die die Gehirnströme während seines Forschens beschreibt, und diese zweite Forscherperson wieder einer weiteren Person usw. Wenn man also mit der Erforschung des Gehirns die Erwartung verbinden würde, damit erklärt zu haben, was Denken ist, so wird man zumindest an diesem Punkt seine Enttäuschung darüber eingestehen müssen. Die Begrenztheit des Reduktionismus zeigt sich da, wo das Mentale nicht auf Schmerz- oder Lustempfindungen oder auf Wahrnehmungsprozesse begrenzt wird. Sobald die höheren Funktionen des Denkens ins Spiel gebracht werden, wird jene Beschränktheit offensichtlich.

Popper hat eine für diesen Zusammenhang hilfreiche Unterscheidung vorgeschlagen: Die Welt 1 ordnet er der physikalischen Materie zu, die Welt 2 der bewussten und unbewussten Erfahrung, die Welt 3 schließlich der gesprochenen Sprache, wie sie sich beispielsweise zeigt im Erzählen von Geschichten, im Erfinden von Mythen, im Erstellen von Theorien, in der Entdeckung von theoretischen Problemen und nicht zuletzt in der rationalen Argumentation.[189] Strittig ist nicht, dass möglicherweise durch eine elektrische Reizung gewisser Gehirnbereiche regelmäßig bestimmte charakteristische Bewegungen oder Empfindungen hervorgerufen werden. Für diesen Fall könnte von einer Entsprechung zwischen Welt 1 und Welt 2 ausgegangen werden. »Solange wir nur auf solche Gebiete wie die Sinneswahrnehmung achten [...], meinen wir vielleicht, Welt 2 mit atomaren oder molekularen Methoden analysieren zu können [...]. Die Anwendung solcher Methoden stellt sich jedoch als gänzlich inadäquat heraus, wenn wir an unsere einzigartigen Versuche denken, einen Welt-3-Gegenstand, beispielsweise ein Problem oder eine Theorie, zu erfinden und zu verstehen.«[190] Physikalische Reduktionisten müssten die popperische Welt 3 leugnen. Damit würden sie aber die gesamte menschliche Technologie, z.B. die Computer, die ja das Resultat von Welt-3-Theoremen sind, in Zweifel ziehen, was offensichtlich absurd wäre.

6. Kritik am Cartesianismus

Descartes' vielfältige theoretische Bemühungen waren von unterschiedlicher Reichweite und Gewicht. Die Intensität, mit der einzelne Thesen oder Annahmen diskutiert werden, sagt nichts über deren noch gültige Relevanz aus. So ist etwa unbestritten, dass Descartes einen wesentlichen Beitrag für die Entwicklung der Mathematik erbracht hat.[191] Sein Name steht – neben dem des Mathematikers Fermat – stellvertretend für die Schöpfung der Koordinatengeometrie.

Sie zeichnet sich dadurch aus, dass alle geometrischen, d.i. räumlichen Beziehungen in eine Welt rein abstrakter Zahlbeziehungen übertragen werden. Dies geschieht dadurch, dass man jedem Punkt der Ebene zwei reelle Zahlen zuordnet: seine Abszisse x und seine Ordinate y. Jede Gerade ist dann gegeben als die Gesamtheit aller Punkte x, y – für diese besteht eine lineare Gleichung ax + by = c. Dieser analytische Neuaufbau der Geometrie geht insofern über Euklid hinaus, als die Punkte, Geraden, Ebenen durch reelle Zahlentripel, lineare Gleichungen und Gleichungssysteme dargestellt werden können. Desgleichen können die Beziehungen zwischen ihnen durch Beziehungen zwischen diesen arithmetischen Gebilden nachgezeichnet werden. Die Tragweite dieses Neuaufbaus einer analytischen Geometrie für die Mathematik wird erst vollends in ihrem Stellenwert für die Differenzialrechnung ersichtlich. Denn durch Descartes' Entdeckung einer Koordinatengeometrie waren die Mathematiker imstande, ein für die antike Geometrie noch unlösbares Problem anzugehen. Die Geometrie der griechischen Antike stand vor folgender Schwierigkeit: Man wusste zwar, wie man eine Tangente an den Kreis zieht, konnte dieses Verfahren aber nicht auf die Ellipse übertragen. Aus diesem Grund hat man sich für diesen Fall ein eigenes Verfahren ausgedacht, das allerdings mit dem Mangel behaftet war, dass es wiederum bei der Parabel versagt hat, ebenso das für die Parabel taugliche Verfahren bei der Hyperbel. Die Konsequenz wäre gewesen, sich für jede Kurve eine besondere Konstruktion ausdenken zu müssen. Die Koordinatengeometrie stellt nun insofern einen Entwicklungsschritt dar, als sie den Blick auf eine unabsehbare Menge von Kurven eröffnet. Descartes lieferte somit einen wichtigen Beitrag zur Entwicklung der Differenzialrechnung. Denn durch die von ihm entwickelte Geometrie konnte man das anstehende Problem erkennen: Es musste eine universelle Methode entwickelt werden, mit der man den Verlauf der Tangente für jede beliebige Kurve studieren könnte. Zur Lösung dieses Problems trugen fast zeitgleich sowohl Newton als auch Leibniz mit der Entwicklung der Differenzialgleichung bei.[192]

Einwände der Zeitgenossen

Die Auseinandersetzung mit Descartes und seiner Strategie der Erkenntnisbegründung hat spätestens zum Zeitpunkt der Veröffentlichung seiner *Meditationes* eingesetzt. Diese wurden gleichzeitig mit den Einwänden, den sog. Objektionen, namhafter Kollegen aus der Theologie und Philosophie veröffentlicht. Im Zuge unserer Darstellung wurde punktuell schon auf einzelne kritische Äußerungen hingewiesen. Im Vordergrund standen zunächst Einwände, die sich auf die theologischen Aspekte, allen voran den Gottesbeweis bezogen. So greift sich Descartes' Förderer Mersenne den Gottesbeweis der fünften Meditation heraus, um den Zusammenhang der Irrtumsmöglichkeit und der göttlichen Wahrheitsgarantie zu erörtern.

Antoine Arnauld, zur damaligen Zeit Professor an der Sorbonne und Sympathisant des jansenistischen Kreises der Logikschule von Port-Royal, war den Gedanken Descartes' gegenüber durchaus positiv gesonnen. Seine theologisch motivierten Bedenken richteten sich auf den methodischen Zweifel. Dessen Geltungsbereich allerdings wollte er auf die menschliche Erkenntnis beschränkt sehen, der religiöse Glaube sollte dabei ausgespart bleiben. Arnauld brachte aber auch schon gewichtige Einwände gegen die Argumentationsweise Descartes' vor: Zum einen bezweifelte er, dass die reale Verschiedenheit von Körper und Geist hinreichend gezeigt worden sei, zum anderen kritisierte er die in seinen Augen zirkuläre Argumentationsweise Descartes'. Denn für das Prinzip der objektiven Gültigkeit des klar und deutlich Erkannten setzte Descartes die Erkenntnis Gottes voraus, aber dessen Erkenntnis würde wiederum jenes Prinzip zur Voraussetzung haben. Die Erwiderung Descartes', dass die göttliche Wahrheitsgarantie nur für erinnerte, nicht aber für aktuell einsichtige Begründungen in Anspruch genommen würde, vermag nicht zu befriedigen. In dieser Hinsicht steht der cartesianische Zirkel immer noch als ungelöstes Problem im Raum.

Grundlegende Einwände gegen die neue Form der Erkenntnisbegründung wurden von Pierre Gassendi vorgetragen. Er zog in Zweifel, dass Descartes in den *Meditationes* die Immaterialität des Geistes habe beweisen können. Seiner Meinung nach können Klarheit und Deutlichkeit nicht als Bürgen für die objektive Gültigkeit eines Urteils angesehen werden. Zudem kann die Erkenntnis, die wir vom Subjekt des Denkens haben, auch nicht klar und distinkt sein. Gassendi unterzieht damit diese Form der Erkenntnisbegründung einer grundsätzlichen Kritik. Er stellt in Abrede, dass es möglich sei, der Wissenschaft eine Basis durch ein System von Theoremen, die aus evidenten Prinzipien folgen, zu liefern. Plausibler erscheint ihm Bacons These vom hypothetischen Charakter aller Prinzipien, der philosophischen wie der naturwissenschaftlichen.

Diese Kritik, die ihren Widerhall auch in gegenwärtigen Äußerungen findet, kann als grundlegende Kritik an den metaphysischen Vorannahmen Descartes' gewertet werden. Solche Einwände werden in aller Ausführlichkeit wieder von Merleau-Ponty in Form einer grundsätzlichen Kritik an Descartes' Konzept der Subjektivität, seinem Prinzip des »clare et distincte« und seinem Leib-Seele-Dualismus vorgetragen. Nach Gassendis Auffassung ist die Annahme von unmittelbaren Ideen wie »res cogitans« oder »Gott« nicht zulässig. Descartes habe auf gänzlich falsche Art von Substanzen gesprochen. Diese lassen sich nach Gassendis Meinung immer nur hypothetisch als Träger von beobachtbaren Eigenschaften von Dingen annehmen. Auch der Vorwurf des Essenzialismus wird von ihm vorgebracht. Denn Descartes habe manchen allgemeinen Begriffen den Status von Wesenheiten zugesprochen, ohne dass für diese Begriffe ein gegenständliches Korrelat aufweisbar wäre. Es könne keine Rede davon sein, dass es a priori eingesehene Wesensbeziehungen gebe, deren Wahrheit in intellektueller Anschauung begründet ist und unabhängig von jedem Bezug zu einer empirischen Realität Geltung hat. In dieselbe Kerbe schlägt Hobbes, wenn er die Rechtmäßigkeit von Aussagen über Wesensbeziehungen bestreitet. Solche Aussagen könnten nur aufgrund der Beziehung zwischen den in ihnen vorkommenden Ausdrücken als wahr gelten. Für den Nominalisten Hobbes ist die Annahme einer Wesenheit ohne Referenz auf ein reales Ding eine pure Fiktion.

Certismus, Repräsentation und Absage
an die Erkenntnistheorie

Die vielfältig geübte Kritik will ich im abschließenden Kapitel nach einigen Gesichtspunkten bündeln. Bezeichnungen wie »Bewusstseinsphilosophie«, »Certismus«, »Repräsentationalismus« kennzeichnen schlagwortartig die verschiedenen Dimensionen der Vorbehalte gegen Descartes' Bemühen um Erkenntnisbegründung. Die Verbindung der kritischen Aspekte führt dann nicht selten zu einer pauschalen Verurteilung Descartes', wie sie z.B. der dem logischen Empirismus nahe stehende Philosoph Moritz Schlick vortrug: »Alle großen Versuche der Theorie des Erkennens entspringen aus der Frage nach der Sicherheit menschlichen Wissens, und diese Frage wiederum entspringt aus dem Wunsche nach absoluter Gewißheit der Erkenntnis.«[193] Er meint schließlich: Wir müssen die Stücke des cartesischen Weges benutzen, die gut und gangbar sind, dann aber uns davor hüten, uns in das »cogito ergo sum« und verwandte Sinnlosigkeiten zu verwirren. Das tun wir, indem wir uns klarmachen, welchen Sinn und welche Rolle denn nun wirklich den Sätzen zukommt, die »gegenwärtig Beobachtetes« ausdrücken.[194] Bei solchen Versuchen der Erkenntnisbegründung habe einem zwar immer etwas vorgeschwebt, was allem Zweifel entrückt ist, dabei seien aber auch Wege beschritten worden, die als »Vexiergänge des Labyrinths« zu bezeichnen sind. Hier denkt Schlick an jene Sätze bzw. Formulierungen, die unter den Namen »Evidenz der inneren Wahrnehmung«, »Solipsismus«, »Selbstgewissheit des Bewusstseins« angesprochen wurden. »Der bekannteste Endpunkt, zu dem die Verfolgung des geschilderten Weges geführt hat, ist das cartesische cogito ergo sum [...]. Und über das cogito ergo sum sind uns ja heute durch die Logik die Augen genugsam geöffnet worden: Wir wissen, daß es ein bloßer Scheinsatz ist, der auch dadurch nicht zu einer echten Aussage wird, daß man ihn in der Form ausspricht: cogitatio est – ›die Bewußtseinsinhalte existieren‹. Ein solcher Satz, der nichts ausdrückt, kann in gar keinem Sinne als Fundament von irgendetwas dienen; er selbst ist keine Erkenntnis, und es ruht keine auf ihm; er kann keinem Wissen Sicherheit verleihen.«[195]

Für die gegenwärtige Diskussion erscheint es mir zweckmäßig, drei kritische Aspekte der cartesischen Philosophie herauszustellen: den Certismus-Einwand, den Repräsentationalismus-Einwand und die grundsätzliche Kritik an der Erkenntnistheorie.

Der mit dem Schlagwort »Certismus« bezeichnete Anspruch, eine unbezweifelbare Grundlage für Wissen und Erkenntnis ausweisen zu können, ist nicht einzulösen. Vor allem Rorty hat entschieden gegen jenen Versuch argumentiert, die Objektivität der Erkenntnis nach festen Kriterien bestimmen zu wollen.[196] Die Auffassung des Szientismus, die Rationalität beruhe auf der Anwendung von solchen Kriterien, begeht den cartesischen Fehlschluss: Der Szientist sieht Axiome, wo nichts weiter ist als gemeinschaftliche Gewohnheit. Damit ist nicht gemeint, wir sollten uns von jeglichen Standards verabschieden. Der Angriffspunkt der Kritik richtet sich vielmehr gegen die Vorstellung, wir könnten einen neutralen, außerhalb unserer Kultur befindlichen Standpunkt einnehmen. Es kann nach Rortys Ansicht deshalb keine erkenntniskritische oder metaphysische Basis geben, sondern nur eine an der kooperativen Forschung ausgerichtete Einstellung. Rorty orientiert sich dabei an den kritischen Einwendungen von Peirce. Dieser hatte bei seinen Einwendungen zwei Punkte im Auge, zum einen die Annahme einer »Basis der Erkenntnis«, zum anderen die Fiktion des Erkennenden als neutralen Betrachters. Seine Kritik richtete sich zunächst ganz allgemein gegen die Auffassung, dass es eine elementare, feste Basis der Erkenntnis geben könne. Die philosophischen Positionen unterschieden sich Peirce zufolge hinsichtlich der Festlegung, worin diese Basis zu sehen sei. Die Empiristen bestimmten dazu Sinneseindrücke oder einfache Tatsachen, die Rationalisten Universalien, Ideen oder allgemeine Wahrheiten. Das Paradigma besteht im Postulat einer letzten Grundlage und in der Annahme der neutralen Perspektive des erkennenden Subjekts. Peirce stellt grundsätzlich die Möglichkeit, dass uns solche primären Elemente durch eine intuitive Erkenntnis zugänglich wären, in Abrede. Auch wenn in einem Erkenntnis- und Forschungsprozess gewisse Verfahren, Methoden oder Regeln in Gebrauch sind, rechtfertigt das noch lange nicht die Annahme logisch absoluter Ausgangspunkte und deren Erkennbarkeit durch ein intuitives Vermögen. Er stellt dem die Forschung als selbst kontrollierten Prozess gegenüber.

In ähnlicher Weise argumentiert Toulmin[197] gegen die Annahme einer unparteiischen Vernunft, die als Quelle allgemein gültiger Grundsätze angesehen wird. Der Kernpunkt der Argumente bezüglich des Ideenwandels in den Wissenschaften ist die Erkenntnis, dass es nicht ein einziges Ideal der Erklärung oder der vernünftigen Rechtfertigung gibt, das in allen Wissenschaften und zu allen Zeiten anwendbar wäre. In seinem Bemühen um die Grundlegung einer solideren Form von Wissenschaft hat Descartes seine eigene theoretische Leistung nicht hinreichend bedacht. Denn er selbst forcierte mit seinen Überlegungen eine historische Entwicklung in der Wissenschaft. Jede produktive Disziplin hat ihre Ziele und Ideale, die ihre besonderen Methoden bestimmen. Die historischen Wandlungen innerhalb einer Wissenschaft sind nur mit Blick auf die jeweiligen Erklärungsziele verständlich. Foucault[198] äußert sich ähnlich: Die historische Analyse des wissenschaftlichen Diskurses ist nicht die Theorie eines wissenden Subjekts, sondern vielmehr die Theorie einer Praxis des Diskurses. Zudem sind die Standards der Wissenschaftlichkeit und der Erkenntnis immer nur in ihrem historischen Kontext zu sehen.

Als Repräsentationalismus[199] wird jene Konzeption der Erkenntnis bezeichnet, die folgende drei Bestandteile als grundlegend annimmt: Ein Subjekt besitzt Ideen, also Vorstellungen oder Begriffe des Bewusstseins; diese (bewusstseinsimmanenten) Ideen sollen die Objekte der Außenwelt abbilden; die Objekte der Außenwelt rufen bestimmte Ideen in unserem Bewusstsein hervor.

Drei Komponenten müssen vorliegen: ein Subjekt, eine Idee, ein Objekt. Und drei Beziehungen müssen als bestehend angenommen werden: zwischen Subjekt und Idee das Wissen oder die (innere) Wahrnehmung, zwischen Idee und Objekt die Beziehung der Ähnlichkeit, zwischen Objekt und Subjekt so etwas wie eine kausale Verursachung. Das Subjekt ist also getrennt von den Objekten, die die äußeren Dinge sind, aus denen sich die Wirklichkeit zusammensetzt, zu denken. Den Zugang zur Wirklichkeit finden die Subjekte nur über den »Umweg« der Ideen. Die Probleme, die sich einer solchen Repräsentationstheorie stellen, sind zum einen, wie man plausibel machen kann, dass die Ideen getreue Abbilder der Objekte der Wirklichkeit sind bzw. sein können, zum anderen, wie man von den Ideen aus auf das Vorhandensein der Objekte schließen kann.

Putnam, Rorty und Davidson[200] bezweifeln, dass ein solches Korsett von mehreren Annahmen eine plausible Vorstellung sei. Der Annahme einer objektiven (fertigen) Welt steht eine weitere zur Seite, die von den Ideen des Bewusstseins ausgeht, mit deren Hilfe wir uns auf diese Welt beziehen. Neben der Existenz einer fertigen Welt bestreiten sie die Möglichkeit eines bewusstseinsimmanenten direkten Zugangs zu den vermeintlich abbildenden Ideen. Im Vordergrund der Kritik steht allerdings das empiristische Modell von Locke. Descartes' philosophisches Werk lässt sich nicht ohne Einschränkung unter ein solches Repräsentationsmodell bringen. Auf seine verschiedenen Äußerungen dazu wurde schon mehrfach hingewiesen. Bestätigt wird der Repräsentationscharakter zunächst durch die Auffassung, dass wir die Objekte der Außenwelt nicht unmittelbar an sich selbst, sondern nur vermittels der Ideen erkennen, die wir von ihnen als den von uns wahrgenommenen Gegenständen haben. Auch die Tätigkeiten unserer eigenen Seele können wir nur vermittels der Ideen erfassen. Diese Auffassung der Repräsentation erfährt jedoch eine spezifische Akzentsetzung, wenn man Descartes' eingangs dargestellte Erkenntniskritik zu Rate zieht. Dort geht es ihm ausschließlich um die Festlegung, in welchem Bereich sich das menschliche Erkennen bewegen darf, wenn es auf gesichertem Boden bleiben will. Eine negative Formulierung des Abgrenzungskriteriums besteht in der Festlegung, dass der Anspruch der Erkenntnis eines Dinges an sich völlig überzogen ist. Denn dazu müsste der Mensch seine eigene Erkenntnisfähigkeit übersteigen können. Also muss er sich bescheiden und den Rahmen der Erkenntnis enger stecken. Die daran anschließende Forderung, er müsse sich Klarheit über jene Ideen verschaffen, mit deren Hilfe er sich auf die Wirklichkeit bezieht, ist zunächst bescheiden. Sieht man sich die dafür infrage kommenden Ideen näher an, so zeigt sich, dass Descartes auf die Kategorien der (mathematisierten) Physik zurückgreift. Die Ideen werden durch eine bestimmte Methodologie gestützt, in der ausführlich dargelegt wird, wie sich der Mensch einen gesicherten Weg der Erkenntnis verschaffen kann. Damit ist noch nicht behauptet, dass diese in Anschlag gebrachten Ideen mit dem Anspruch auftreten können, die Wirklichkeit auf adäquate Weise zu repräsentieren.

Descartes entgeht solchen Fallstricken, da ihm ja bewusst ist, dass wir die Wirklichkeit an sich nicht erkennen können. Wenn man Descartes' Vorstellung von Erkenntnis der Wirklichkeit in dieser Weise auffasst, dann kann man ihm zugute halten, dass seine Formulierungen »Objekte der Außenwelt an sich« und »Erkenntnis vermittels der Ideen« durch die Vorgaben der philosophischen Tradition bestimmt sind. Selbst in der Abgrenzung davon muss er sich dieser Formulierungen bedienen und gerät dadurch in Gefahr, doch noch in ihre Nähe gerückt zu werden. Diese Konzeption kann also nicht ohne weiteres als Modell einer Repräsentationstheorie der Wirklichkeit gedeutet werden. Descartes wird man nur gerecht, wenn man diese Überlegungen von jener späteren in den *Meditationes* unterscheidet, in denen er Gott als den Garanten der Entsprechung von Denken und Realität heranzieht. In den *Meditationes* vollzieht Descartes einen Schritt zurück in Richtung einer Repräsentationsauffassung, wenn er durch Gott die Entsprechung von Denken und Wirklichkeit sichergestellt sehen will. Die »veracitas Dei« »ist der Ursprung und die Bedingung für alle Wahrheit, die auf menschlichem Wege gewußt und erworben werden kann«[201]. Die Frage der Wahrheit erledigt sich gleichsam durch den Hinweis, dass Gott den Menschen nicht so eingerichtet habe, dass er sich ständig täuscht. Gott schafft in einem einzigen und unveränderlichen Akt die Welt der Ideen und der Dinge, die Welt der Wahrheit und der Wirklichkeit. Die Wahrheit auf Gott zurückzuführen bedeutet, sie in einem schlechthin unveränderlichen und absoluten einheitlichen Sein metaphysisch zu verankern.[202]

Wenn es um die Kritik an der Erkenntnistheorie geht, so ist zweifellos neben Rortys genereller Absage Quines Naturalisierung der Erkenntnistheorie zu nennen.[203] Im Unterschied zu Rorty hält er allerdings an der Vorstellung fest, es ließe sich ein Fundament des Erkennens angeben, das anders als bei Descartes nicht über die Introspektion gewonnen sein dürfe. Damit setzt er sich von jenen Philosophen in Oxford ab, die im Anschluss an

Wittgenstein die Philosophen von der Verblendung kurieren wollen, es gebe überhaupt erkenntnistheoretische Probleme. Quine artikuliert dagegen die Meinung,

»daß es an dieser Stelle wohl nützlicher ist, statt dessen zu sagen, daß die Erkenntnistheorie auch weiterhin fortbesteht, jedoch in einem neuen Rahmen und mit einem geklärten Status. Die Erkenntnistheorie oder etwas Ähnliches erhält ihren Platz innerhalb der Psychologie und somit innerhalb der empirischen Wissenschaften. Sie studiert ein empirisches Phänomen, nämlich ein physisches, menschliches Subjekt. Diesem Subjekt wird ein bestimmter, experimentell kontrollierter Input gewährt – z.B. bestimmte Bestrahlungsmuster in ausgesuchten Frequenzen –, und zur rechten Zeit liefert das Subjekt als Output eine Beschreibung der dreidimensionalen Außenwelt und ihres Verlaufs. Die Beziehung zwischen dem mageren Input und dem überwältigenden Output ist die Beziehung, zu deren Untersuchung uns, grob gesprochen, die Gründe anspornen, die die Erkenntnistheorie immer motiviert haben: nämlich herauszufinden, in welcher Beziehung die Beobachtung zur Theorie steht und auf welche Weise jemandes Theorie über die Natur über alle Beobachtungen, die man je machen könnte, hinausgeht.«[204]

Wir können diese Überlegung auf die Frage zuspitzen, ob die erkenntnistheoretische Fragestellung reduziert werden kann auf eine wissenschaftliche Beschreibung und Erklärung des Erkennens.

Für seine Konzeption einer naturalisierten Erkenntnistheorie macht Quine allerdings zahlreiche Annahmen, die ihrerseits auf kritische Skepsis gestoßen sind. Sein Rückgriff auf Beobachtungssätze und Reizbedeutungen als Belegmaterial für den Erkenntnisprozess erscheint problematisch, da nicht auf plausible Art gezeigt werden kann, wie Sinnesreize die Bedeutung von Beobachtungssätzen bestimmen können.[205] Zudem erscheint es fraglich, ob es ein gelungener Schachzug ist, sich für die erkenntnistheoretische Begründung auf unsere (gegenwärtige) Wissenschaft zu berufen.

Angesichts dieser Kritik sollten wir uns nochmals vergegenwärtigen, welche Einsichten Descartes' berücksichtigungswürdig sind und welche uns zu problematischen Konsequenzen führen können: einerseits die Einsicht, dass es neben dem Materiellen einen Bereich des Mentalen gibt, andererseits die Einsicht, dass der Bereich der wissenschaftlichen Erklärung durch eine bestimmte Form der Aussagen festzulegen ist.

Der Bereich des Mentalen umfasst all das, was man als Subjektivität und damit nicht als bewusstseinslose Materie bezeichnet. Der Bereich des Materiellen ist uns in gesicherter Form der Erkenntnis nur durch eine mathematisch-physikalische Sprache zugänglich; das haben Descartes' Überlegungen zur Erkenntniskritik ergeben. Ein Problem entsteht dann, wenn man ganz bestimmte Konsequenzen aus diesen Annahmen zieht. Eine erste Konsequenz, die auch lange Zeit von der Tradition der Philosophie mitvollzogen wurde, besteht in der Feststellung, dass es unterschiedliche Formen der Erkenntnis geben müsse: eine, die ganz grundlegende Aussagen über unsere Erkenntnis formulieren kann und damit dem Bereich des Subjektiven bzw. des Bewusstseins vorbehalten ist, eine andere, die nur auf den Bereich des Empirischen bezogen ist und nur dort ihre Gültigkeit hat. Mindestens zwei Gründe lassen sich dafür anführen, die erste Form der Erkenntnis als eigenständige festzuhalten: Sie kann keine empirische sein, da ihr Gegenstand kein empirischer ist und auch nicht sein kann. In diesem Fall müsste man nämlich behaupten, dass Materie über Materie nachdenkt. Dubios wird eine solche über sich selbst nachdenkende Materie deshalb, weil zwei gegensätzliche Bestimmungen damit zusammengebracht werden, die Descartes sorgfältig getrennt hatte. Materie ist festgelegt auf eine bestimmte Form von Prädikaten (Raum, Zeit, Gestalt, Quantität, Proportion) – und nur so ist sie bestimmbar. Das Denken war gerade nicht materiell bestimmt. Diese Trennung macht insofern Sinn, als wir uns auf der Ebene des Bewusstseins darüber Klarheit verschaffen wollten, auf welche Weise man sinnvoll über Materie sprechen kann. Würde man daran festhalten, dass Materie über Materie nachdenkt, würde man diese Differenz einebnen und sich damit auch der Möglichkeit berauben, den Bereich der sinnvollen Aussagen abzugrenzen. Auf diese Abgrenzung kommt es Descartes aber ganz entschieden an, weil er es für unzulässig hält, irgendwelchen Naturphänomenen wie z.B. dem Magneten geheimnisvolle Kräfte zuzuschreiben. Wenn jedoch das Bewusstsein Materie und damit ein empirisches Phänomen sein sollte, müsste es auch mittels der Kategorien der Materie bestimmt werden. Wenn man dann aber die Behauptung aufstellen wollte, dass allein diese Kategorien die einzig zulässigen seien, würde man sich in einen Argumentationszirkel verstricken: Aus etwas, was mithilfe dieser Kategorien beschrieben wird, soll dann abgeleitet werden, dass diese Kategorien die (Geltungs-)Grundlage für jede Form empirischer Erkenntnis abgeben.

Wenn Descartes dieser Meinung gewesen wäre, hätte er folgende schlechte Argumentationskette formulieren müssen: 1. Erkenntnis gibt es nur in Bezug auf Materie. 2. Diese Form der Erkenntnis ist garantiert durch die Kategorien Raum/Ausdehnung, Zeit, Bewegung, Gestalt, Quantität, Proportion. 3. Die Geltung dieser Kategorien wurde durch eine Erkenntniskritik plausibel gemacht. 4. Erkenntniskritik ist eine Form der Erkenntnis, die sich nicht von der empirischen Erkenntnis unterscheidet. 5. Diejenige Erkenntnis, die zum Resultat die Geltung der Kategorien Raum, Zeit, Bewegung, Gestalt, Quantität, Proportion hat, ist selbst wiederum mit diesen Kategorien beschreibbar.

Würde diese Argumentationskette stimmen, gäbe es keine besondere Form philosophischer bzw. erkenntnistheoretischer Erkenntnis. Dass sie nicht stimmen kann, ist offenkundig. Denn die Überlegungen darüber, welche Bestimmungen wir für Materie sinnvollerweise zugrunde legen sollten, werden nicht als Materie bzw. physikalische Prozesse beschrieben. Sonst würde man sich in den angesprochenen Zirkel verstricken, der bei der Begründung der Kategorien deren Geltung bereits voraussetzt. Aber auch noch aus einem anderen Grund kann es sich bei der Erkenntniskritik nicht um eine empirische Erkenntnis handeln: Sie formuliert Normen, wenn sie die Grenzen des Erkennens bestimmt, indem sie die grundlegenden Kategorien plausibel zu machen versucht. Auch wenn ich die Denkprozesse beschreiben wollte, die bei einer solchen Normenfindung ablaufen mögen, habe ich dabei noch nicht den spezifisch normativen Charakter solcher Festlegungen ausgewiesen. Eine solche Normenfestsetzung in Bezug auf Erkenntnis hat etwas mit Argumentation zu tun, und diese ist eben nicht empirisch beschreibbar. Darauf wurde bei der Erörterung des Reduktionismus ausführlich hingewiesen.

Wenn wir dem Problemgehalt nach Descartes Recht geben müssen, seinen Ausführungen aber wegen der problematischen Annahmen nicht mehr folgen können, sind wir zu einer Reformulierung des Problems mit anderen Mitteln genötigt.

Anhang

Anmerkungen

1 A. Glucksmann, Die Cartesianische Revolution. Von der Herkunft Frankreichs aus dem Geist der Philosophie, Reinbek 1987, S. 32 f.

2 Vgl. R. Specht, René Descartes, 2. Aufl., Reinbek 1980; A. Baillet, La vie de M. Descartes, 2. Bde., Paris 1691, Neuauflage Paris 1946.

3 Vgl. W. Röd, Descartes. Die Genese des Cartesianischen Rationalismus, 2., überarb. u. erw. Aufl., München 1982, S. 19.

4 Vgl. M. de Montaigne, Essais, Bd. 1, hrsg. von J.O. Tietz, Zürich 1992.

5 Vgl. A. Baillett, La vie de M. Descartes, zit. nach: R. Specht, René Descartes, a.a.O., S. 17 ff. – Es war offenbar in der damaligen Zeit keine Seltenheit, dass Träumen oder sonstwie gearteten nächtlichen Erlebnissen eine besondere Bedeutung für das weitere Leben betreffende Entscheidungen zugesprochen wurde. Z.B. wird auch von Pascal berichtet, er habe in der Nacht des 23. November 1654 ein Bekehrungserlebnis gehabt, das seine Einstellung zum Leben wie zur Wissenschaft grundlegend änderte. In dieser »Feuer-Nacht« wandte er sich vom Gott der Philosophen ab und der Theologie zu.

6 Diese Träume sind zum Gegenstand zahlreicher Deutungsversuche geworden, die nicht immer ganz frei von spekulativen Projektionen sind. Ein Überblick über diese Deutungen findet sich bei: W. Röd, Descartes, a.a.O., S. 20 ff.

7 Vgl. R. Descartes, Von der Methode des richtigen Vernunftgebrauchs und der wissenschaftlichen Forschung (Discours de la méthode), übers. von L. Gäbe, Hamburg 1969, II. Teil, Kap. 5.

8 In diesem Streit ist Hebenstreit unterlegen.

9 Vgl. R. Descartes, Regeln zur Ausrichtung der Erkenntniskraft (Regulae ad directionem ingenii), übers. von H. Springmeyer u.a., Hamburg 1973.

10 Zu Mersenne vgl.: Geschichte der Philosophie, Bd. 7, hrsg. von W. Röd, München 1978, S. 80 ff. Mersenne, der nach seiner Ausbildung in La Flèche 1611 in den Orden der Fratres Minimi eingetreten war, gehörte in Paris einem Kreis von Philosophen, Wissenschaftlern und Mathematikern an, in dem die aktuellen Probleme dieser Wissenschaft diskutiert wurden. Descartes stand mit ihm in einer regen persönlichen und später (d.h. nach seiner Übersiedlung nach Holland) auch brieflichen Verbindung. Mersenne sorgte dafür, dass Descartes auch während seines Holland-Aufenthaltes noch Kontakt zu den wichtigsten zeitgenössischen Wissenschaftlern fand. Er brachte auch die cartesische Philosophie immer wieder ins Gespräch. Zu Mersennes Gesprächspartnern zählten u.a. Gassendi, Hobbes, Femat, Galilei.

11 Vgl. R. Descartes, Von der Methode des richtigen Vernunftgebrauchs, a.a.O., III. Teil.

12 Zit. nach: R. Specht, René Descartes, a.a.O., S. 43.

13 Vgl. dazu: R. Specht, René Descartes, a.a.O., S. 33 f.: Specht charakterisiert es als Fehler Galileis, dass er diesbezüglich nicht genügend Gemeinsinn besessen habe, und als Fehler der damaligen kirchlichen Institution, dass sie neben der Erhaltung einer ihr gut erscheinenden Ordnung vor allem sich selbst – gegen den Willen und auf Kosten der Fachleute – durchzusetzen versuchte. Dadurch konnte auch der Mythos einer sich von der klerikalen Philosophie emanzipierenden Intelligenz entstehen. – Für diese Einschätzung Spechts muss man sich die historische Abfolge der Verurteilung vergegenwärtigen: Obwohl Galilei darauf bedacht war, Fragen der Wissenschaft und religiöse Fragen sorgfältig auseinander zu halten, kam er mit der Kirche in Konflikt, da er sein heliozentrisches Weltbild ganz entschieden vertreten hat. Er beschränkte sich nicht darauf, seine Darstellung als hypothetisches Konstrukt zur Diskussion zu stellen. Deshalb wurde er 1615 bei der römischen Inquisition mit der Begründung angeklagt, dass seine Aussagen mit Äußerungen der Bibel in Widerspruch stünden, in denen die Erde als ruhend bezeichnet wird. 1616 erließ das Hl. Officium ein Dekret gegen die heliozentrische Theorie. Galilei wurde zunächst aufgefordert, seine Ansichten der kirchlichen Lehre anzupassen. Galilei dachte nicht daran, sich dieser Aufforderung zu unterwerfen, sondern ließ sich immer wie-

der auf Kontroversen über astronomische Theorien ein. Als er schließlich 1632 seinen *Dialogo sopra i due massimi sistemi* verfasste, in dem er wieder ganz entschieden die Richtigkeit des heliozentrischen Systems beweisen wollte, wurde das Inquisitionsdekret von 1616 zur Geltung gebracht. Galilei wurde unter Androhung der Folter zum Widerruf seiner Lehre aufgefordert. Er wurde nach kurzer Haft aus dem Gefängnis entlassen und unter Hausarrest gestellt. Ab da durfte er Besucher nur noch mit kirchlicher Erlaubnis empfangen, sodass sichergestellt war, dass er seine Ideen über den engsten Schülerkreis hinaus nicht mehr verbreiten konnte. Vgl. Geschichte der Philosophie, Bd. 7, a.a.O., S. 35 ff.

14 Vgl. A. Bailett, La vie de M. Descartes, Bd. 1, a.a.O., S. 302 ff.

15 Vgl. R. Specht, René Descartes, a.a.O., S. 46 ff.

16 Vgl. S. Toulmin, Kosmopolis. Die unerkannten Aufgaben der Moderne, Frankfurt/M. 1994, S. 90 f.

17 Vgl. ebenda, S. 90.

18 Toulmin kritisiert die historische Dekontextualisierung Descartes' und jenes Bild eines mit sich selbst beschäftigten Menschen, der der Welt den Rücken gekehrt und sich vorgenommen hat, sich nur noch der Lösung abstrakter Probleme zu widmen. Vgl. ebenda, S. 106 f.

19 Vgl. R. Specht, René Descartes, a.a.O., S. 50.

20 R. Descartes, Von der Methode des richtigen Vernunftgebrauchs, a.a.O., II. Teil, Kap. 2, S. 23. Vgl. W. Röd, René Descartes, a.a.O., S. 12: Eine Vernachlässigung des Zusammenhangs von Metaphysik und praktischer Zielsetzung, auf die Descartes immer wieder hingewiesen habe, müsse zu einer Verkürzung der historischen Perspektive führen.

21 Vgl. W. Halbfaß, Descartes' Frage nach der Existenz der Welt. Untersuchungen über die cartesianische Denkpraxis und Metaphysik, Meisenheim/Glan 1968, S. 2 f.

22 R. Descartes, Von der Methode des richtigen Vernunftgebrauchs, a.a.O., IV. Teil, Kap. 2, S. 101.

23 Vgl. L. Gäbe, Descartes' Selbstkritik. Untersuchungen zur Philosophie des jungen Descartes, Hamburg 1972, S. 1.

24 Gäbe tritt entschieden der These entgegen, dass die Metaphysik seiner mechanistischen Physik nur deshalb angefügt wurde, damit die Regeln der Konvention gewahrt und er nicht als Atheist diskredi-

tiert würde. Vielmehr ist darin ein entwicklungsgeschichtliches Problem von grundsätzlicher Bedeutung zu sehen. Vgl. ebenda, S. 4 ff.

25 Diese Annahme eines »Traité de métaphysique« wird durch Descartes' Andeutungen in einem Brief an Mersenne begründet.

26 Vgl. dazu P. Kondylis, Die Aufklärung im Rahmen des neuzeitlichen Rationalismus, München 1986, S. 180 f.

27 Vgl. ebenda, S. 182.

28 Vgl. R. Descartes, Von der Methode des richtigen Vernunftgebrauchs, a.a.O., II. Teil, Kap. 3 und 4.

29 Vgl. R. Specht, René Descartes, a.a.O., S. 130.

30 Vgl. dazu den Artikel »Erkenntnistheorie« in: Metzler Philosophie Lexikon, hrsg. von P. Prechtl/F.-P. Burkard, Stuttgart/Weimar 1999, S. 147 ff.

31 Vgl. G. Gabriel, Grundprobleme der Erkenntnistheorie. Von Descartes zu Wittgenstein, Paderborn u.a. 1993, S. 10 f.; F. v. Kutschera, Grundfragen der Erkenntnistheorie, Berlin/New York 1982; G. Prauss, Einführung in die Erkenntnistheorie, Darmstadt 1980; P. Prechtl, Artikel »Erkenntnistheorie«, in: Metzler Philosophie Lexikon, a.a.O., S. 136 ff.

32 Vgl. dazu H. Schnädelbach, Philosophie als Theorie der Rationalität, in: ders., Zur Rehabilitierung des »animal rationale«, Frankfurt/M. 1992, S. 48.

33 Vgl. ders., Über Rationalität und Begründung, in: ders., Zur Rehabilitierung des »animal rationale«, a.a.O., S. 65 ff.

34 R. Descartes, Regeln zur Ausrichtung der Erkenntniskraft (Regulae ad directionem ingenii), hrsg. von H. Springmeyer/L. Gäbe, H.G. Zekl, Hamburg 1973. Im Folgenden wird nach dieser Ausgabe zitiert. Vgl. zur Datierungsfrage und der grundlegenden Idee der *Regulae* die Einleitung von L. Gäbe, S. XXI ff.

35 Obgleich die *Meditationes* erst vier Jahre nach der Schrift *Discours de la méthode* erschienen sind, kann man das 4. Kapitel des *Discours* schon als eine vorweggenommene Zusammenfassung der *Meditationes* lesen.

36 Für die zahlreichen Abhandlungen über Descartes, in denen besonders herausgestellt wird, dass Descartes der Methode einen herausragenden Stellenwert einräumt, nenne ich repräsentativ: E. Cassirer, Das Erkenntnisproblem, Bd. 1, Nachdruck, Darmstadt 1991, S. 439

ff.; H. Heimsoeth, Die Methode der Erkenntnis bei Descartes und Leibniz, Gießen 1912; L.J. Beck, The method of Descartes, Oxford 1952.

37 E. Cassirer, Das Erkenntnisproblem, Bd. 1, a.a.O., S. 440. Blumenberg weist darauf hin, dass Descartes' Überlegungen durchaus schon früher in der Diskussion waren. So wurde im Anschluss an Wilhelm von Ockham das Verhältnis zwischen Passivität der sinnlichen Wahrnehmung auf der einen und Aktivität des Urteils auf der anderen Seite zum Gegenstand erkenntniskritischer Reflexionen. Durch die Aktivität des Urteils sah sich der Mensch dem Risiko des Irrtums ausgesetzt. Blumenberg verweist auf Gregor von Riminis Lösungsversuch: Für die einfache sinnliche Wahrnehmung (z.B. einer bestimmten Farbe) gilt, dass der einfache Wahrnehmungsakt immer nur das eingeschränkte Urteil »Ich sehe diese Farbe« rechtfertigt, nicht aber das weiter gehende Urteil »Diese Farbe existiert«. Ein solches auf seine subjektive Basis reduzierte Urteil bleibt durch die Frage nach der Existenz des wahrgenommenen Gegenstandes unangefochten. Die Täuschung kann sich erst in dem Urteil einstellen, in dem ein Sachverhalt behauptet wird, der das immanente Faktum des Bewusstseins (d.h. »Ich sehe diese Farbe«) überschreitet. Vgl. H. Blumenberg, Die Legitimität der Neuzeit, Frankfurt/M. 1966, S. 161.

38 Vgl. die Einleitung von L. Gäbe in: R. Descartes, Regeln zur Ausrichtung der Erkenntniskraft, a.a.O., S. XXV.

39 R. Descartes, Regeln zur Ausrichtung der Erkenntniskraft, a.a.O., Regel I, Kap. 1.

40 Vgl. G.H. von Wright, Erklären und Verstehen, Frankfurt/M. 1974.

41 R. Descartes, Regeln zur Ausrichtung der Erkenntniskraft, a.a.O., Regel II, Kap. 4.

42 Ebenda, Kap. 1.

43 Ebenda, Kap. 5.

44 Ebenda.

45 Ebenda, Regel IV, Kap. 1.

46 Ebenda, Regel VIII, Kap. 5.

47 Ebenda, Kap. 6 und 7.

48 Vgl. E. Cassirer, Das Erkenntnisproblem, Bd. 1, a.a.O., S. 441 ff.

49 Vgl. L. Gäbe, Einleitung in: R. Descartes, Regeln zur Ausrichtung der Erkenntniskraft, a.a.O., S. XXXVII f.

50 R. Descartes, Regeln zur Ausrichtung der Erkenntniskraft, a.a.O., Regel XII, Kap. 10.

51 An dieser Stelle führt Descartes zwei notwendige Verbindungen an, die er erst in den *Meditationes* hinreichend plausibel machen kann: »Ich bin, also ist Gott« und »Ich erkenne, also habe ich einen vom Körper verschiedenen Geist«. Im Zusammenhang der Erörterung der Regeln des Verstandesgebrauchs muten sie sehr weit hergeholt an. Zumindest ist die Notwendigkeit der Verbindung nicht ersichtlich.

52 R. Descartes, Regeln zur Ausrichtung der Erkenntniskraft, a.a.O., Regel XII, Kap. 22-27.

53 Ebenda.

54 Der sprachlichen Bedeutung nach meint »propositio« eine Behauptung oder Aussage, die über ein Ding oder einen Gegenstand getroffen wird.

55 R. Descartes, Regeln zur Ausrichtung der Erkenntniskraft, a.a.O., Regel XII, Kap. 19 und Regel VIII, Kap. 7. Vgl. L. Gäbe, Einleitung, ebenda, S. XXXII.

56 Schon die Skeptiker der griechischen Antike setzten sich damit auseinander und kommen schließlich zu der Einstellung, sich des Urteils darüber, wie die Dinge an sich sind, zu enthalten. Alle Bemühungen um Erkenntnis müssen sich auf Aussagen darüber beschränken, wie etwas uns erscheint. Der Anspruch auf Objektivität (i.S. wie etwas an sich ist) wird ersetzt durch die Beschränkung auf die Gewohnheit. Die Beschränkung Descartes' ist insofern originär, als er einen derartigen Erkenntnisanspruch, der auf das Wesen der Dinge zielt, als vermessen verabschiedet und diesen durch ein Wissenschaftsideal ersetzt. Vgl. F. Ricken, Antike Skeptiker, München 1994, S. 159 ff.

57 Im wissenschaftlichen Bereich fordert diese Methode die Zergliederung der Aussage, die eine erklärungsbedürftige Tatsache beschreibt. Dadurch sollen die in ihr verwendeten Termini auf relativ einfache Begriffe zurückgeführt werden, um so mithilfe dieser einfachen Begriffe gesetzesartige Prinzipien formulieren zu können. Diese Prinzipien sollten ihrerseits dann die Ableitung von empirisch überprüfbaren Konsequenzen gestatten. Die Ableitung empirisch überprüfbarer Sätze war bei Galilei dem kompositiven Teil der Methode zugeordnet. Vgl. H. Randall jr., The School of Padua and the Emergence of Modern Science, Padua 1961; H.W. Arndt, Methodo

scientifica pertractatum. Mos geometricus und Kalkülbegriff in der philosophischen Theoriebildung des 17. und 18. Jahrhunderts, Berlin/New York 1871, S. 15 ff.

58 Vgl. R. Descartes, Von der Methode des richtigen Vernunftgebrauchs, a.a.O., II. Teil, Kap. 11; vgl. auch E. Cassirer, Das Erkenntnisproblem, Bd. 1, a.a.O., S. 446 f.

59 Ebenda. Eine solche Methode unterscheidet sich grundlegend von derjenigen, die durch die Kategorienlehre von Aristoteles vorgegeben war. Denn diese beinhaltet eine Lehre (Metaphysik) der Substanz: Sie besagt, dass die Substanz dem Dasein und der Erkenntnis nach das Erste ist, entsprechend den vier Kategorien: Was (Substanz), Wie (Qualität), Wie groß (Quantität) und Wo (Ort).

60 Vgl. R. Descartes, Von der Methode des richtigen Vernunftgebrauchs, a.a.O., II. Teil, Kap. 13.

61 Vgl. ebenda, Kap. 7.

62 Vgl. die vierte Regel der *Regulae*. Diesen Punkt stellt in besonderer Weise der Neukantianismus heraus, wenn er Descartes gleichsam als einen Vorreiter des Kritizismus ansieht, da nach Descartes' methodischer Einstellung die Gegenstände erst durch die Methode konstituiert werden. Vgl. P. Natorp, Descartes' Erkenntnistheorie. Eine Studie zur Vorgeschichte des Kritizismus, Marburg 1882, S. 42 f.

63 Vgl. R. Descartes, Von der Methode des richtigen Vernunftgebrauchs, a.a.O., II. Teil, Kap. 10.

64 Aristoteles, Kategorien, in: ders., Philosophische Schriften, Bd. 1, Hamburg 1995, hier: Kategorien 14b, S. 36.

65 Vgl. den Artikel »Wahrheit« in: Metzler Philosophie Lexikon, a.a.O., S. 561.

66 Vgl. R. Descartes, Regeln zur Ausrichtung der Erkenntniskraft, a.a.O., Regel VI, Kap. 2 und Regel XII, Kap. 21.; vgl. dort auch Anm. 40 zu Regel XII, S. 200.

67 Vgl. dazu die ausführliche Erörterung von: W. Halbfaß, Descartes' Frage nach der Existenz der Welt, a.a.O., S. 46 ff.

68 Vgl. dazu ebenda.

69 Eine ausführliche Studie zum »lumen naturale« bietet: Franz Sardemann, Ursprung und Entwicklung der Lehre vom lumen rationis aeternae, lumen naturale bis Descartes, Kassel 1902.

70 R. Descartes, Von der Methode des richtigen Vernunftgebrauchs, a.a.O., I. Teil.

71 In diesem Verständnis von »intuitus« weicht Descartes nicht von der scholastischen Redeweise ab, denn auch die umschreibt damit die eigentümliche Leistung des Intellekts im Gegensatz zum diskursiven, begrifflichen Denken.

72 Vgl. R. Descartes, Regeln zur Ausrichtung der Erkenntniskraft, a.a.O., Regel III.

73 In der gegenwärtigen Diskussion wird dieses Problem unter der Frage abgehandelt, ob es so etwas wie analytische Urteile gebe. Kant hat in seiner *Kritik der reinen Vernunft* dafür das Beispiel angeführt, dass der Begriff des Körpers nicht ohne das Prädikat »ist ausgedehnt« gedacht werden kann. Ein Körper ohne Ausdehnung ist nicht denkbar. Descartes hat diese kantischen Überlegungen in einem gewissen Sinne schon vorweggenommen. Vgl. dazu den Artikel »analytisch« in: Metzler Philosophie Lexikon, a.a.O., S. 21.

74 R. Descartes, Regeln zur Ausrichtung der Erkenntniskraft, a.a.O., Regel III, Kap. 5.

75 Ders., Die Prinzipien der Philosophie, hrsg. von A. Buchenau, 8. Aufl., Hamburg 1992, S. 15.

76 Vgl. G. Schmidt, Aufklärung und Metaphysik. Die Neubegründung des Wissens durch Descartes, Tübingen 1965, S. 32.

77 Leibniz hat in seinen *Philosophischen Schriften* den Vorschlag gemacht, nur noch die identischen Sätze als einzigen Fall der intuitiven Gewissheit anzuerkennen. Solche Sätze sind keines Beweises fähig, aber unzweifelhaft gewiss.

78 G. Schmidt, Aufklärung und Metaphysik, a.a.O., S. 32.

79 R. Descartes, Regeln zur Ausrichtung der Erkenntniskraft, a.a.O., Regel XII, Kap. 19.

80 Ebenda, Kap. 13.

81 Vgl. zehnte und zwölfte Regel.

82 1. Meditation, Kap. 6 und 7; zit. nach: R. Descartes, Meditationen über die Grundlagen der Philosophie, hrsg. von A. Buchenau, neu hrsg. von L. Gäbe, Hamburg 1993, S. 17.

83 R. Descartes, Regeln zur Ausrichtung der Erkenntniskraft, a.a.O., Regel XII, Kap. 5.

84 Ebenda, Kap. 7.

85 Ebenda, Kap. 14.

86 Durch den Geist können sie vollständig erkannt werden. Der Grund ihrer vollständigen Erkennbarkeit liegt in ihrer Einfachheit.

87 Bei Descartes heißt es: eines »körperlichen Bildes«.

88 Bei Descartes heißt es: »den Geistern«.

89 Vgl. R. Descartes, Regeln zur Ausrichtung der Erkenntniskraft, a.a.O., Regel XII, Kap. 14.

90 Er führt auch noch andere formale Grundsätze an wie »Aus nichts wird nichts« oder »Dasselbe Ding kann nicht gleichzeitig sein und nicht sein«.

91 Vgl. R. Descartes, Regeln zur Ausrichtung der Erkenntniskraft, a.a.O., Regel XII und Regel X.

92 Vgl. ebenda, Regel XII, Kap. 17.

93 Seine diesbezüglichen Ansichten werden deutlicher, wenn Descartes statt von einfachen Naturen von den »ideae innatae« spricht. Diese »eingeborenen Ideen« lassen sich durch rein intellektuelles Erkennen erfassen. Mit ihrer Hilfe wiederum lassen sich apodiktische Einsichten gewinnen, d.h. Einsichten in Wesenssachverhalte, die sich als solche in der Regel auf mögliche Existenz beziehen. Vgl. W. Halbfaß, Descartes' Frage nach der Existenz der Welt, a.a.O., S. 45.

94 Diesen Übersetzungsvorschlag macht: W. Halbfaß, Descartes' Frage nach der Existenz der Welt, a.a.O., S. 44.

95 Vgl. ebenda, S. 49.

96 Betrachtet man diese einfachen Elemente näher, dann lässt sich durchaus plausibel machen, dass sie nicht aus den Sinnen stammen können, da sie immer schon vorausgesetzt sind. An diesem Punkt wirkt Descartes' Argumentation beinahe transzendentalphilosophisch: Diese Begriffe sind immer schon im Gebrauch, auch schon bei der sinnlichen Wahrnehmung. Wie sollten wir etwas sinnlich wahrnehmen können, was keine Ausdehnung oder zeitliche Dauer hat? Da sie immer schon im Gebrauch sind, können sie nicht von den Sinnen stammen. – Eine solche Formulierung ist insofern nicht präzise genug, als man immer noch geltend machen kann, dass uns unsere Erfahrung lehrt, dass Gegenstände immer eine räumliche Ausdehnung und zeitliche Erstreckung haben. In der transzendentalphilosophischen Argumentation von Kant würde die Antwort

lauten, dass uns die Herkunft dieser Begriffe nicht weiter zu interessieren brauche, entscheidend sei vielmehr, woher die Geltungsgrundlage stamme, d.h., wie man ihre Geltung für Erkenntnis begründen könne. Trotz dieser scheinbaren Verwandtschaft der cartesischen Erkenntnisbegründung mit Kants transzendentaler Fragestellung darf man andererseits einen grundlegenden Unterschied nicht übersehen. Eine Gemeinsamkeit ließe sich in der Hinsicht feststellen, dass die »einfachen Inhalte« Descartes' wie die Verstandesbegriffe Kants der existierenden Welt als Formen des Denkens vorgeordnet sind. Der Unterschied liegt allerdings in der Zugangsweise: Descartes meint, dass die »einfachen Inhalte« als »res ipsae« dem Intellekt zugänglich sind. Eine solche Redeweise, die eine an sich seiende Gegenständlichkeit unterstellt, passt nicht in das Denkgebäude Kants. Insofern sollte man sich davor hüten, Descartes vorschnell eine transzendentale Argumentation unterzuschieben.

97 W. Röd, René Descartes, in: Geschichte der Philosophie, Bd. 7, a.a.O., S. 57. Röd kommt deshalb zu dem Urteil, Descartes habe nicht in dem Sinne universal gezweifelt, dass er auch die »notiones communes« dem Zweifel unterworfen hätte.

98 Kant hat vorsichtiger gefragt: Er untersuchte die subjektiven Bedingungen der Möglichkeit für gegenständliche Erkenntnis.

99 Ich beziehe mich auf die Ausführungen von: F. v. Kutschera, Grundfragen der Erkenntnistheorie, Berlin/New York 1982, S. 36 ff.

100 Vgl. R. Descartes, Regeln zur Ausrichtung der Erkenntniskraft, a.a.O., Regel XI.

101 Dass gerade die Philosophie nicht davor gefeit ist, mithilfe des Evidenzbegriffs intellektuelle Kapriolen zu schlagen, zeigt sich in einem Aufsatz von: G. Stenger, Das Phänomen der Evidenz und die Evidenz des Phänomens, in: Phänomenologische Forschungen. Neue Folge 1, hrsg. von E.W. Orth/K.-H. Lembeck, Freiburg/München 1996, S. 84 ff. Bei der Vielzahl von Evidenzen, die der Autor liefert, stellt sich unweigerlich die Frage, was ein solches Evidenz-Unternehmen noch soll. Der ursprüngliche Anspruch verliert sich in subjektive Beliebigkeit.

102 Brief an Mersenne vom 15. April 1630. Vgl. R. Descartes, Œuvre, hrsg. von Ch. Adam/P. Tannerey, 11 Bde., Paris 1897-1910, Bd. 1, S. 137.

103 Diese Schrift hat Descartes nicht veröffentlicht. Im vierten Teil des *Discours* findet sich eine Zusammenfassung dieser Gedanken.

104 Der Ausdruck »Prinzip« wird geschichtlich erläutert in: Metzler Philosophie Lexikon, a.a.O., S. 416.

105 Vgl. W. Röd, René Descartes, a.a.O., S. 61 f.

106 Diesen Unterscheidungsvorschlag entnehme ich: W. Röd, Descartes, a.a.O., S. 50 f., ders., René Descartes, in: Geschichte der Philosophie, Bd. 7, a.a.O., S. 59 ff.

107 Vgl. R. Descartes, Meditationen über die Grundlagen der Philosophie, a.a.O., 1. Meditation, Kap. 6 und 7.

108 Vgl. W. Halbfaß, Descartes' Frage nach der Existenz der Welt, a.a.O. Im Zusammenhang des methodischen Zweifels wird gegen Descartes ein Zirkelvorwurf erhoben (ein anderer Zirkelvorwurf wird im Kontext seines Gottesbeweises diskutiert werden). Dabei spielt vor allem folgende Frage eine besondere Rolle: Wird in diesem radikalen Zweifel alles außer Geltung gesetzt? Der Zirkelvorwurf gegen René Descartes besteht darin, dass dieser einerseits jegliche Evidenz entwertet habe, um sie im Anschluss daran wieder mithilfe eines Gedankenganges, der auf Evidenz Anspruch erhebt, rechtfertigen zu wollen. Die bisherige und die weiterführende Darstellung hält diesen Vorwurf allerdings für nicht gerechtfertigt, da er die spezifische Funktion des methodischen Zweifels nicht hinreichend in Rechnung stellt. Vgl. auch: D. Hume, Untersuchungen über den menschlichen Verstand, Hamburg 1984, Kap. XII, § 116, S. 61; vgl. dazu: B. Williams, Descartes. Das Vorhaben der reinen philosophischen Untersuchung, Frankfurt/M. 1988, S. 31.

109 R. Descartes, Meditationen über die Grundlagen der Philosophie, a.a.O., 2. Meditation, Kap. 3, S. 22.

110 Vgl. K. Cramer, Das cartesianische Paradigma und seine Folgelasten, in: Bewußtsein, hrsg. von S. Krämer, Frankfurt/M. 1996, S. 112 f.

111 Bzw. »je pense, donc je suis«, »ego cogit ergo sum«. Vgl. den vierten Teil des *Discours* und: R. Descartes, Die Prinzipien der Philosophie, a.a.O., 1. Teil, Kap. 10, S. 3.

112 Eine Erklärung der Begriffe »Obersatz/Untersatz« bzw. »Oberbegriff/Unterbegriff« gebe ich in: Metzler Philosophie Lexikon, a.a.O., S. 364.

113 Vgl. dazu die ausführliche Diskussion von: W. Röd, Zum Problem des Premier Principe in Descartes' Metaphysik, in: Kant Studien, 51. Jg., 1959/60, S. 176-195; ders., Objektivismus und Subjektivismus als Pole der Descartes-Interpretation, in: Philosophische Rundschau, 16. Jg., 1969, S. 28-39; W. Halbfaß, Descartes' Frage nach der Existenz der Welt, a.a.O., S. 66 ff.; B. Williams, Descartes, a.a.O., S. 64 ff.

114 Vgl. B. Williams, Descartes, a.a.O., S. 63.

115 Vgl. R. Descartes, Meditationen über die Grundlagen der Philosophie, a.a.O., 2. Meditation, Kap. 6.

116 Descartes' Festlegung, die grundlegende Bestimmung des Menschen sei es, ein denkendes Wesen zu sein, führt einige problematische Konsequenzen mit sich. Ich werde im Zusammenhang des Leib-Seele-Dualismus auf einige der Probleme zu sprechen kommen.

117 Vgl. E. Cassirer, Das Erkenntnisproblem, Bd. 1, a.a.O., S. 445.

118 Wenn sich Descartes des Zweifels als kritischer Perspektive bedient, so greift er etwas auf, was für seine damalige Zeit zu einem Gemeinplatz geworden war. Denn der radikale Zweifel war mittlerweile als probates Mittel an den Anfang einer jeden Polemik gegen die Scholastik gesetzt worden. Dabei ist aber nicht zu übersehen, dass er bei Descartes einen spezifischen Stellenwert einnimmt, der über eine solche Polemik hinausgeht.

119 R. Descartes, Meditationen über die Grundlagen der Philosophie, a.a.O., 3. Meditation, Kap. 8-11.

120 Vgl. ebenda, Kap. 19.

121 Vgl. ebenda, Kap. 7.

122 Vgl. ebenda, Kap. 37.

123 Diese von H. Brands (Untersuchungen zur Lehre von den angeborenen Ideen, Meisenheim/Glan 1977, S. 44) vorgeschlagene Interpretation ist im Hinblick auf den weiteren Gedankengang von Descartes nicht plausibel.

124 Eine denkbare Interpretation könnte in einer Form transzendentaler Semantik bestehen: Dazu müsste man Descartes unterstellen, er habe jene Ideen als angeboren bezeichnet, die er als Bedingung der Möglichkeit schon erwiesener Tatbestände identifiziert. Nach dieser Auffassung könnte Descartes deshalb von der eingeborenen Idee der »Substanz« sprechen, weil aus der Einsicht in die Wahrheit des »cogito ergo sum« folgt, dass er das Ich als (denkende) Substanz an-

nehmen muss. Denn eine Tätigkeit des Denkens ist ohne die Idee eines tätigen Subjekts bzw. einer Substanz, die Träger der Eigenschaft »denkend« ist, nicht vorstellbar. Es kann allerdings bezweifelt werden, dass diese an die kantische transzendentale Argumentationsweise erinnernde Interpretation für Descartes besonders hilfreich ist. Denn der Einwand, er bediene sich eines zirkelhaften Verfahrens, ist nicht von der Hand zu weisen. Er würde all diejenigen Begriffe, die er in bestimmten Aussagen immer schon verwendet (bzw. implizit verwenden muss), dann als notwendige Begriffe ausweisen. Wenn er dann argumentieren würde, dass sich daraus deren Notwendigkeit eine Garantie für die in diesen Aussagen formulierte Erkenntnis ergäbe, wäre das ein schlechter Zirkel. In dieser Interpretation wäre auch nur schwerlich Descartes' Erklärung der materiellen Ideen, wie sie aus der Einbildungskraft gewonnen werden, unterzubringen. Das von ihm im Zusammenhang der Ideen häufig zitierte »lumen naturale« muss anders gedeutet werden. Ein deutlicher Hinweis dafür wird in seiner Begründung der Idee der Vollkommenheit sichtbar.

125 Vgl. R. Descartes, Meditationen über die Grundlagen der Philosophie, a.a.O., 3. Meditation, Kap. 14.

126 Ein solches Modell der Übertragung gleicher Sachgehalte stellt später David Hume ganz entschieden in Abrede.

127 R. Descartes, Meditationen über die Grundlagen der Philosophie, a.a.O., 3. Meditation.

128 Vgl. ebenda, Kap. 15.

129 In gewisser Weise greift Descartes hier der Unterscheidung in primäre Qualitäten und sekundäre Qualitäten, wie wir sie bei John Locke finden, vor. Allerdings besteht die Übereinstimmung mit Locke nur hinsichtlich der Einteilung und hinsichtlich der negativen Beurteilung der sekundären Qualitäten.

130 Dieser Erklärung von »angeboren« ließe sich allerdings eine Passage aus den *Meditationes* gegenüberstellen, in der Descartes eindeutig davon spricht, Gott habe mir die Vorstellung von Vollkommenheit und die Vorstellung von mir selbst gleichsam beim Schöpfungsakt eingepflanzt. Vgl. R. Descartes, Meditationen über die Grundlagen der Philosophie, a.a.O., 3. Meditation, Kap. 37 und 38.

131 Vgl. W. Halbfaß, Descartes' Frage nach der Existenz der Welt, a.a.O., S. 105 ff.

132 Vgl. H.-J. Engfer, Empirismus versus Rationalismus, Paderborn u.a. 1996, S. 87.

133 Die Annahme des Intellekts wird vorgetragen von: M. Gueroult, Descartes selon l'ordre des raisons, Bd. 2, Paris 1953, S. 307-312; die Annahme der Wirklichkeitseinsicht findet sich bei: H. Gouhier, Les exigences de l'existence dans la métaphysique de Descartes, in: Revue Internationale de Philosophie, 1950, S. 123 ff. Zur Debatte zwischen Gueroult und Gouhier vgl.: G. Dreyfus, Discussion sur le Cogito et l'axiome »Pour penser il faut être«, in: Revue Internationale de Philosophie, 6, 1952, S. 117 ff.

134 R. Descartes, Meditationen über die Grundlagen der Philosophie, a.a.O., 5. Meditation, Kap. 6.

135 Ebenda, 6. Meditation, Kap. 10.

136 Arnauld spricht dieses Problem schon im vierten Einwand zu den *Meditationes* an.

137 Repräsentativ dafür steht: W. Halbfaß, Descartes' Frage nach der Existenz der Welt, a.a.O., S. 52 f.

138 Ebenda.

139 Vgl. z.B. W. Röd, Zur Problematik der Gotteserkenntnis, in: Archiv für Geschichte der Philosophie, 43. Jg., 1961, S. 128-152.

140 Vgl. R. Descartes, Meditationen über die Grundlagen der Philosophie, a.a.O., 4. Meditation, Kap. 9.

141 Ebenda, Kap. 3.

142 Vgl. ebenda, Kap. 9.

143 Descartes' Antwort auf den siebten Einwand lässt deutlich werden, dass er darin keine Differenz sieht.

144 Zur Stichhaltigkeit dieser Klassifizierung vgl.: H.-J. Engfer, Empirismus versus Rationalismus, a.a.O.

145 F. Bacon, Novum Organon, in: ders., The Works, hrsg. von J. Spedding/R.L. Ellis/D.D. Heath, London 1858-1874; Nachdruck: Stuttgart-Bad Cannstatt 1963, Bd. 1, S. 50.

146 Vgl. ebenda, Bd. 1, S. 104.

147 Vgl. ebenda, Bd. 1, S. 50; Bd. 2, S. 13.

148 Ebenda, Bd. 2, S. 1.

149 Bei Bacon kommt dieser beschränkten Anzahl der Formen eine systematische Bedeutung im Hinblick auf die Elimination falscher Hypothesen zu. Z.B. kann man feststellen, dass der Eigenschaft der Wär-

me in verschiedenen Dingen ein und dieselbe Form zugrunde liegt. Dieser Form wird man habhaft, wenn man zumindest viele Fälle überblickt, in denen Dinge warm sind. Von da aus sind zwei weitere Schritte möglich: Ein »positiver« Schritt zeigt sich in dem Postulat, eine andere Eigenschaft zu entdecken, die mit der gegebenen Eigenschaft der Wärme vertauschbar und – wenn auch von ihr verschieden – ein Bild der wahren Gattung ist. In einem »negativen« Schritt kann man all diejenigen Eigenschaften eliminieren, die mit der Wärme nicht durch eine ihnen beiden gemeinsame Form verbunden sein können, weil sie auch ohne diese auftreten. Vgl. dazu F. Bacon, Novum Organon, a.a.O., Bd. 2, S. 4; F.H. Anderson, The Philosophy of Francis Bacon, Chicago 1948; W. Krohn, Francis Bacon, München 1987, S. 141 ff.

150 Vgl. F. Bacon, Novum Organon, a.a.O., Bd. 2, S. 2; vgl. hierzu: H. Natge, Francis Bacons Formenlehre, Leipzig 1891, S. 64 ff.; W. Frost, Bacon und die Naturphilosophie, München 1927, S. 111 ff.; M. Hessel, Francis Bacon's Philosophy of Science, in: Essential Articles for the Study of Francis Bacon, hrsg. von. B. Vickers, London 1968, S. 114-139; H.-J. Engfer, Empirismus versus Rationalismus, a.a.O., S. 46 ff.

151 Vgl. W. Halbfaß, Descartes' Frage nach der Existenz der Welt, a.a.O., S. 87.

152 Vgl. dazu F. v. Kutschera, Grundfragen der Erkenntnistheorie, a.a.O., S. 297 f.

153 D.h.: Der Zweifel richtet sich darauf, dass unser Wissen über materielle Körper gesichert ist.

154 In der Diskussion über Descartes ist nicht immer hinreichend genau unterschieden worden, worauf der skeptische Zweifel abzielt: Man muss dabei die (schwächere) Aussage, dass die Existenz aller materiellen Körper in Zweifel gezogen werden kann, deutlich von der (stärkeren) Aussage, dass es keine materiellen Körper gebe, abheben. Wollte man Descartes im Sinne der zweiten Aussage verstehen, würde man seinem Zweifelsargument nicht gerecht.

155 Vgl. A. Menne, Einführung in die formale Logik, 2. Aufl., Darmstadt 1991, S. 99.

156 Dass solche kognitiven Einstellungen sich nicht ohne weiteres in eine logisch gültige Schlussfolgerung bringen lassen, hat man in der Antike durch folgendes Beispiel belegt: Satz 1: Ich habe Zweifel daran,

wer der Mann mit der Maske ist, der vor mir steht. Satz 2: Ich habe keinen Zweifel darüber, wer mein Vater ist. Satz 3: Also ist der Mann mit der Maske nicht mein Vater. Die letzte Aussage suggeriert die Feststellung einer Tatsache, die aber von zweierlei Aussagen des Bezweifelns abhängig ist. Die Ungültigkeit des Schlusses lässt sich dadurch aufzeigen, dass man den Mann mit der Maske seine Maske abnehmen und den Sohn erkennen lässt, dass der Mann mit der Maske tatsächlich sein Vater ist. Vgl. K. Cramer, Das cartesianische Paradigma und seine Folgelasten, a.a.O., S. 115 f.

157 Vgl. ebenda, S. 298.

158 Vgl. R. Descartes, Die Leidenschaften der Seele (Passions de l'âme), übers. von K. Hammacher, 2. Aufl., Hamburg 1996, Kap. 34.

159 Vgl. K. Cramer, Das cartesianische Paradigma und seine Folgelasten, a.a.O., S. 110 f.

160 Ebenda.

161 Vgl. dazu: P.F. Strawson, Einzelding und logisches Subjekt, Stuttgart 1972.

162 Vgl. für die weiterführende Diskussion: M. Frank, Selbstbewußtseinstheorien von Fichte bis Sartre, Frankfurt/M. 1991; ders., Analytische Theorien des Selbstbewußtseins, Frankfurt/M. 1994; K. Cramer u.a. (Hg.), Theorie der Subjektivität, Frankfurt/M. 1990.

163 Vgl. M. Merleau-Ponty, Phänomenologie der Wahrnehmung, Berlin 1966; Th. Nagel, Was bedeutet das alles, Stuttgart 1990; ders., Die Grenzen der Objektivität, Stuttgart 1991; H. Plessner, Die Stufen des Organischen und der Mensch, Berlin 1965; H. Pluegge, Der Mensch und sein Leib, Tübingen 1967; J. Seifert, Das Leib-Seele-Problem in der gegenwärtigen philosophischen Diskussion, Darmstadt 1979; P. Prechtl, Edmund Husserl zur Einführung, Hamburg 1998, S. 147-152.

164 Vgl. M. Willaschek, Artikel »Leib-Seele-Problem« (Teil 1), in: Metzler Philosophie Lexikon, a.a.O., S. 323 f.; P. Prechtl, Artikel »Leib-Seele-Problem« (Teil 2), ebenda.

165 Vgl. M. Merleau-Ponty, Phänomenologie der Wahrnehmung, a.a.O.; B. Waldenfels, Phänomen und Struktur bei Merleau-Ponty, in: ders., In den Netzen der Lebenswelt, Frankfurt/M. 1985; P. Good, Maurice Merleau-Ponty, Düsseldorf/Bonn 1998; Ch. Bermes, Maurice Merleau-Ponty zur Einführung, Hamburg 1998; P. Prechtl, Artikel »Leib,

Leiblichkeit«, in: Metzler Philosophie Lexikon, a.a.O., S. 323. – Das Phänomen des erlebten Leibes wird auch von Nagel und Whitehead geltend gemacht.

166 Vgl. dazu ausführlicher: M. Merleau-Ponty, Phänomenologie der Wahrnehmung, a.a.O., S. 66 ff.

167 Vgl. P. Bieri (Hg.), Analytische Philosophie des Geistes, 2., verb. Aufl., Bodenheim 1993, S. 4.

168 Vgl. ebenda, S. 5 ff.

169 Vgl. W. Stegmüller, Probleme und Resultate der Wissenschafts-theorie und Analytischen Philosophie, Bd. 1, 2., verb. Aufl., New York/Heidelberg/Berlin 1983, S. 559-582.

170 U.a. J. Clauberg, G. de Cordemoy, L. de LaForge, A. Geulincx, N. Malebranche. Vgl. dazu: Geschichte der Philosophie, Bd. 7, a.a.O., S. 112 ff.

171 Vgl. P. Bieri (Hg.), Analytische Philosophie des Geistes, a.a.O., S. 7.

172 Vgl. F. v. Kutschera, Die falsche Objektivität, Berlin/New York 1993, S. 1.

173 H. Feigl, The »Mental« and the »Physical«, Minneapolis 1967; vgl. dazu: M. Carrier/J. Mittelstraß, Geist, Gehirn, Verhalten. Das Leib-Seele-Problem und die Philosophie der Psychologie, Berlin 1989.

174 Vgl. J. Smart, Sensations and Brain Process, in: The Mind/Brain Identity Theory, hrsg. von V.C. Borst, London 1970, S. 52-66; D.M. Armstrong, The Nature of Mind, in: The Mind/Brain Identity Theory, a.a.O., S. 67-79.

175 Für eine weiterführende und eingehendere Kritik vgl.: Th. Zoglauer, Geist und Gehirn, Göttingen 1998, S. 101 ff.

176 Vgl. P. Feyerabend, Materialism and the Mind-Body-Problem, in: The Mind/Brain Identity Theory, a.a.O., S. 42-51; W.V.O. Quine, On Mental Entities, in: ders., The Ways of Paradox, New York 1966, S. 208-214; R. Rorty, Mind-Body-Identity, Privacy and Categories, in: Review of Metaphysics, 19, 1965, S. 24-54.

177 Vgl. P. Bieri, Analytische Philosophie des Geistes, a.a.O., S. 47.

178 Vgl. H. Putnam, Geist und Maschine, in: Analytische Handlungstheo-rie, Bd. 2, hrsg. von A. Beckermann, Frankfurt/M. 1977, S. 364-397; D. Dennett, Content and Consciousness, London 1969; J. Fodor, Er-klärungen in der Psychologie, in: Analytische Handlungstheorie, Bd. 2, a.a.O., S. 412-434.

179 Vgl. K.R. Popper/J.C. Eccles, Das Ich und sein Gehirn, 6. Aufl., München 1997; J.C. Eccles, Wie das Selbst sein Gehirn steuert, München 1996.

180 Vgl. J.R. Searle, Die Wiederentdeckung des Geistes, München 1993, S. 43 ff.

181 Vgl. dazu: Ch. Jäger, Selbstreferenz und Selbstbewußtsein, Paderborn 1999; F. Dretske, Die Naturalisierung des Geistes, Paderborn 1998.

182 Vgl. R. Chisholm, The First Person. An Essay on Reference and Intentionality, Minneapolis 1984.

183 Vgl. K. Popper, Vermutungen und Widerlegungen I, Tübingen 1994, Kap. 3; ders., Fragen der Naturerkenntnis, in: ders., Alles Leben ist Problemlösen, München 1994, S. 52 f.; W. Neuser, Natur und Begriff, Stuttgart/Weimar 1995, S. 29 ff.

184 Eine ausführlichere Darstellung dieser Entwicklung in der Physik bietet: K. Popper, Fragen der Naturerkenntnis, a.a.O.

185 Vgl. ders., Vermutungen und Widerlegungen, a.a.O., S. 150 ff.

186 Vgl. ders., Logik der Forschung, 7., verb. Aufl., Tübingen 1982, S. 385 f.

187 Vgl. K. Gödel, Über formal unentscheidbare Sätze der Principia Mathematica und verwandter Systeme I, in: Monatshefte für Mathematik und Physik, 31, 1931, S. 173-198: »Zu jeder ω-widerspruchsfreien rekursiven Klasse K von Formeln gibt es rekursive Klassenzeichen r, so daß weder v Gen r noch Neg (v Gen r) zu Flg (K) gehört (wobei v die freie Variable von r ist).«

188 Vgl. ausführlicher dazu: P. Prechtl, Edmund Husserl zur Einführung, a.a.O., S. 29 ff.

189 Vgl. K. Popper, Wissenschaftliche Reduktion und die essentielle Unvollständigkeit der Wissenschaft, in: ders., Alles Leben ist Problemlösen, a.a.O., S. 73 ff.

190 Ebenda, S. 79.

191 Vgl. F. Waismann, Einführung in das mathematische Denken, hrsg. von H.J. Claus, 4. Aufl., Darmstadt 1996, S. 18.

192 Vgl. ebenda, S. 102 ff.

193 M. Schlick, Über das Fundament der Erkenntnis, in: ders., Erkenntnisprobleme der Naturwissenschaft, hrsg. von L. Krüger, Köln/Berlin 1970, S. 41.

194 Vgl. ebenda, S. 50.

195 Ebenda, S. 49.

196 Vgl. R. Rorty, Solidarität oder Objektivität, Stuttgart 1988, S. 11 ff.

197 Vgl. S. Toulmin, Kritik der kollektiven Vernunft, Frankfurt/M. 1983.

198 Vgl. M. Foucault, Die Ordnung der Dinge, Frankfurt/M. 1971, S. 14 f.

199 Vgl. dazu die ausführliche Abhandlung von: D. Perler, Repräsentation bei Descartes, Frankfurt/M. 1996; P. Prechtl, Repräsentation und Realität, in: Perspektiven der Philosophie. Neues Jahrbuch 24, 1998, S. 303-323.

200 Vgl. H. Putnam, Für eine Erneuerung der Philosophie, Stuttgart 1997, S. 106-171; R. Rorty, Der Spiegel der Natur, Frankfurt/M. 1987; D. Davidson, Der Mythos des Subjektiven, Stuttgart 1997.

201 E. Cassirer, Descartes' Wahrheitsbegriff, in: ders., Descartes, a.a.O., S. 36.

202 Vgl. ders., Die Idee der Einheit der Wissenschaft, ebenda, S. 63 f.

203 Vgl. dazu ausführlicher: P. Prechtl, Sprachphilosophie, Stuttgart/Weimar 1999, S. 146 ff.

204 W.V.O. Quine, Ontologische Relativität, Stuttgart 1975, S. 114 f.

205 Vgl. D. Davidson, Der Mythos des Subjektiven, a.a.O., S. 46 ff.

Literaturhinweise

1. Descartes' Werke in deutscher Übersetzung

Regeln zur Ausrichtung der Erkenntniskraft (Regulae ad directionem ingenii), übers. von H. Springmeyer/L. Gäbe/H.G. Zekl, Hamburg 1973.

Die Welt oder die Abhandlung über das Licht (Le Monde ou Traité de la Lumière), übers. von G.M. Tripp, Weinheim 1989.

Über den Menschen – Beschreibung des menschlichen Körpers, übers. von K.E. Rothschuh, Heidelberg 1969.

Von der Methode des richtigen Vernunftgebrauchs und der wissenschaftlichen Forschung (Discours de la méthode), übers. von. L. Gäbe, Hamburg 1969.

Meditationen über die Grundlagen der Philosophie mit sämtlichen Einwendungen und Erwiderungen (Meditationes), übers. von A. Buchenau, Nachdruck, Hamburg 1972.

Meditationen über die Erste Philosophie, übers. von G. Schmidt, Stuttgart 1986.

Die Prinzipien der Philosophie (Principia philosophiae), übers. von A. Buchenau, 8. Aufl., Hamburg 1992.

Die Leidenschaften der Seele (Passions de l'âme), übers. von K. Hammacher, 2. Aufl., Hamburg 1996.

2. Ausgewählte Sekundärliteratur

G. Baker/K.J. Morris, Descartes' Dualism, London/New York 1996.

L.J. Beck, The Method of Descartes, Oxford 1952.

A. Beckermann, Descartes' metaphysischer Beweis für den Dualismus, Freiburg/München 1986.

E. Cassirer, René Descartes. Lehre – Persönlichkeit – Wirkung, hrsg. von R.A. Bast, Hamburg 1998.

J. Cottingham, Descartes, Oxford 1986.

G. Dicker, Descartes. An Analytical and Historical Introduction, Oxford/New York 1993.

H.G. Frankfurt, Demons, Dreamers, and Madmen. The Defense of Reason in Descartes' Meditations, Indianapolis/New York 1970.

G. Gabriel, Grundprobleme der Erkenntnistheorie. Von Descartes zu Wittgenstein, Paderborn 1993.

L. Gäbe, Descartes' Selbstkritik, Hamburg 1972.

E. Grosholz, Cartesian Method and the Problem of Reduction, Oxford 1991.

W. Halbfaß, Descartes' Frage nach der Existenz der Welt, Meisenheim/Glan 1968.

H.H. Holz, Descartes, Frankfurt/M. 1994.

A. Kemmerling, Ideen des Ich. Studien zu Descartes' Philosophie, Frankfurt/M. 1996.

Ders./H.-P. Schütt (Hg.), Descartes nachgedacht, Frankfurt/M. 1996.

A. Kenny, Descartes. A Study of his Philosophy, New York 1968.

A. Klemmt, Descartes und die Moral, Meisenheim/Glan 1971.

D. Mahnke, Der Aufbau des philosophischen Wissens nach Descartes, München 1976.

D.J. Marshall Jr., Prinzipien der Descartes-Exegese, Freiburg/München 1979.

P. Natorp, Descartes' Erkenntnistheorie. Eine Studie zur Vorgeschichte des Kritizismus, Marburg 1882.

W. Niebelt/A. Horn/H. Schnädelbach, Descartes im Diskurs der Neuzeit, Frankfurt/M. 2000.

D. Perler, Repräsentation bei Descartes, Frankfurt/M. 1996.

Ders., René Descartes, München 1998.

W. Röd, Descartes. Die Genese des Cartesianischen Rationalismus, 3. Aufl., München 1995.

G. Schmidt, Aufklärung und Metaphysik. Die Neubegründung des Wissens durch Descartes, Tübingen 1965.

M. Schneider, Das mechanische Denken in der Kontroverse. Descartes' Beitrag zum Geist-Maschine-Problem, Stuttgart 1993.

H.-P. Schütt, Substanzen, Subjekte und Personen. Eine Studie zum cartesischen Dualismus, Heidelberg 1990.

T. Sorell, Descartes, Oxford 1987.

R. Specht, René Descartes, 2. Aufl., Reinbek 1980.

B. Williams, Descartes. Das Vorhaben der reinen philosophischen Untersuchung, Frankfurt/M. 1988.

Zeittafel

1596	Descartes wird am 31. März in La Haye geboren.
1604	Eintritt in das Jesuitenkollegium in La Flèche.
1615	Studium an der Universität Poitier: Medizin, Jura.
1619-20	Entwurf der *Regula ad directionem ingenii.*
1622-28	Aufenthalt in Paris; Kontakte zum Diskussionszirkel von Mersenne.
1628	Umzug nach Holland.
1632	Entwurf der Schrift *Traité de la Lumière.*
1633	Abfassung der nicht veröffentlichten Schriften *Le Monde ou Traité de l'Homme.*
1637	Veröffentlichung des *Discours de la méthode.*
1641	Veröffentlichung der *Meditationes* mit den 6 Einwendungen im Anhang.
1643	Beginn des Briefwechsels mit der Pfalzgräfin Elisabeth.
1644	Veröffentlichung der *Principia philosophiae.*
1647	Die *Meditationes* und die *Principia* erscheinen in französischer Sprache. Anerkennung durch den französischen König für seine Verdienste in Philosophie und in seinen wissenschaftlichen Untersuchungen.
1649	Veröffentlichung der Schrift *Passions de l'âme.* Umzug nach Stockholm an den Hof der Königin Christina von Schweden.
1650	Descartes stirbt am 11. Februar in Stockholm.
1663	Seine Schriften werden auf den »Index Romanus« gesetzt.

Peter Prechtl, geb. 1948, Studium der Philosophie, Politischen Wissenschaften und Pädagogik in München, 1989 Habilitation; Lehrstuhlvertretungen in Düsseldorf und Würzburg, 1994-1996 Gastprofessur an der Humboldt-Universität zu Berlin. Veröffentlichungen zur Phänomenologie, Erkenntnistheorie, Sprachphilosophie, politischen Philosophie, philosophischen Anthropologie. Buchveröffentlichungen: Edmund Husserl zur Einführung (2. Aufl. 1998), Saussure zur Einführung (1994); Sprachphilosophie (1999); Hg. des Metzler Philosophie Lexikons (2. Aufl. 1999).

174